일제침탈사 바로알기 18

일제의 미곡 침탈과 전라북도

● 박광일 지음 ●

동북아역사재단
NORTHEAST ASIAN HISTORY FOUNDATION

발간사

　일본이 한국을 침탈한 지 100년이 지나고 한국이 일본의 지배로부터 벗어난 지 70년이 넘었건만, 식민 지배에 대한 청산은 이루어지지 못하고 있습니다. 일본의 독도영유권 주장은 도를 넘어섰습니다. 일본은 일본군'위안부', 강제동원 등 인적 수탈의 강제성도 인정하지 않고 있습니다. 일본군'위안부'와 강제동원의 피해를 해결하는 방안을 놓고 한·일 간의 갈등은 최고조에 이르고 있습니다. 역사문제를 벗어나 무역분쟁, 안보위기 등 현실문제가 위기국면을 맞고 있습니다.

　한·일 간의 갈등은 식민 지배의 역사를 어떻게 볼 것인가 하는 역사인식에서 기인합니다. 역사는 현재와 과거의 대화이며 이를 기반으로 미래로 나아갈 수 있습니다. 과거 침략의 역사를 미화하면서 평화로운 미래를 말하는 것은 불가능합니다. 식민 지배와 전쟁발발의 책임을 인정하지 않고 반성하지 않으면 다시 군국주의가 부활할 수 있고 전쟁이 일어날 위험성도 배제할 수 없습니다. 미래지향적 한일관계를 형성하고 나아가 동아시아의 평화와 번영의 기틀을 조성하기 위해 일본은 식민 지배의 책임을 인정하고 그 청산을 위해 노력해야 할 것입니다.

　식민 지배의 역사를 청산하기 위해서는 식민 지배는 어떻게 이루어졌는지 그 실상을 명확하게 규명하는 일이 긴요합니다. 그동안 일본제국주의에 맞서 조국의 독립을 위해 헌신한 독립운동가들의 활동을 찾아내고 역사적으로 평가하는 일에는 상당한 성과를 거두었습니다. 반면 일제 식민침탈의 구체적인 실상을 규명하는 일에는 충분한 노력을 기울이지 못했습니다. 제국주의가 식민지를 침탈했다는 것은 너무나 당연한 사실로 여겨졌기 때문에, 굳이 식민 지배에서 비롯된 수탈과 억압, 인권유린을 낱낱이 확인할 필요가 없었는지도 모릅니다. 그러는 사이 일본은 식민 지배가 오히려 한국에 은혜를 베푼 것이라고 미화하고, 참혹한 인권유린을 부인하는 역사부정의 인식을 보이는 데까지 이르고 있습니다. 일제의 통치와 침탈, 그리고 그 피해를 종합적으로 조사하고 편찬할 필요성이 여기에 있습니다.

일제침탈사를 체계적으로 정리하는 일은 개인이 감당하기 어렵습니다. 이에 우리 재단은 한국학계의 힘을 모아 일제침탈사 편찬위원회를 꾸렸습니다. 편찬위원회가 중심이 되어 일제의 식민지 침탈사를 정치·경제·사회·문화 모든 방면에 걸쳐 체계적으로 집대성하기로 했습니다. 일제 식민침탈의 실체를 파악하기 위해 2020년부터 세 가지 방면으로 사업을 추진하고 있습니다. 하나는 일제침탈의 실상을 구체적이고 생생한 자료를 통해서 제공하는 일로서 〈일제침탈사 자료총서〉로 편찬합니다. 다른 하나는 이들 자료들을 바탕으로 연구한 결과물을 〈일제침탈사 연구총서〉로 간행합니다. 그리고 연구의 결과를 대중들이 이해하기 쉽게 〈일제침탈사 교양총서〉를 '바로알기' 시리즈로 간행합니다. 자료총서 100권, 연구총서 50권, 교양총서 70권을 기본 목표로 삼아 진행하고 있습니다.

  특히 교양총서는 '바로알기'라는 이름으로 우리 중학교, 고등학교 학생들도 어렵지 않게 읽을 수 있도록 제작했습니다. 오랫동안 학계에서 공부해 온 전문가 선생님들이 일제 침탈과 관련된 다양한 주제를 집필해 주셨습니다. 이해하기 쉽도록 해당 주제를 사안별로 나눠 집필해서 가독성을 높였고, 사진과 도표로 충분히 곁들였습니다. '바로알기' 시리즈를 통해 많은 시민과 학생들이 제국주의 일본의 한반도 침탈과 그로 인한 피해 실상을 바로 알 수 있게 되기를 바랍니다.

2022년 12월

동북아역사재단 이사장

머리말

일제 침탈의 역사에는 접근하기 어려운 부분이 있다. 다뤄야 할 내용이 어렵기도 하지만 이 시기가 주는 역사적 부담감도 적지 않기 때문이다. 그러나 어떤 시대의 모습 전체를 조망하는 것이 역사 연구의 목표가 된다는 점에서 일제 침탈의 역사는 중요한 의미를 가진다.

일제가 한반도를 침탈한 주요 목적 중 하나는 경제적 수탈이었다. 그렇다면 당시 경제적 수탈의 현장은 어디일까. 그 시기 우리나라 인구 다

익산 익옥수리조합 건물. 각 지역에 들어선 수리조합은 일제강점기 농촌 수탈의 첨병이었다.

수가 종사하던 농업의 현장에서 그 모습을 찾을 수 있지 않을까.

그런 점에서 답사 장소는 곡창지대로 알려진 전라북도가 적당하다. 주제는 '일제 침탈의 현장을 찾아가는 답사'가 좋겠다. '일제'와 '침탈'이라는 두 낱말이 주는 무게가 이 답사를 조금 무겁게 만들 수도 있다. 그러나 일반적인 답사가 문화재를 찾아가 미술적, 예술적 가치를 탐구하며 그 시기의 특정한 내용을 살피는 과정이라면 '일제 침탈의 현장을 찾는 것'은 아직도 우리 삶에 영향을 끼치고 있는 당시 역사를 통해 현재 우리의 모습을 이해하는 과정이 될 것이다. 일제 침탈 현장 답사의 의미를 조금 더 살펴보면 다음과 같다.

첫째, 일제의 식민지 지배를 이해하는 데 도움이 된다. 예를 들어 일제의 식민지 침탈 정책 가운데 첫손으로 꼽히는 '산미증식(産米增殖)계획'이 어떤 방식으로 이뤄졌는지 알기 위해서는 당시 농촌의 변화 모습을 살펴보는 과정이 필요하다. '산미증식'은 구호와 총칼로만 만들어지는 것이 아닌 농촌에 대한 실질적인 변화를 강제하는 과정에서 나온 것이기 때문이다. 그러므로 지금 남아 있는 농촌의 모습을 당시의 흔적, 그리고 기록과 함께 살피다 보면 해당 시기를 묘사한 기록이 갖는 의미를 이해하는 계기가 될 것이다.

둘째, 우리 농촌이 지금과 같은 모습이 된 배경을 찾아가는 방편이 될 수 있다. 왜 벼농사 중심의 농업 형태가 된 것일까. 호남평야의 넓게 펼쳐진 농경지와 여러 강을 가로지른 둑과 댐은 언제 어떻게 만들어진 것일까. 이러한 궁금증을 해결하려면 조선 후기, 개항기, 그리고 일제강점기와 현대로 이어지는 시기의 변화 과정을 살펴보아야 한다. 그런 점에서 일제 침탈의 역사가 남아 있는 현장 답사가 도움이 될 것이다.

구마모토농장의 소작인을 위해 운영된 화호 자혜진료소

셋째, 일제강점기 농촌에서 일어난 변화의 역사가 지금도 나름의 방향성을 갖고 있다는 점이다. 근대 이후 전통의 흐름을 이어 간 곳도 있지만 새로운 변화의 흐름을 보여 주는 곳도 있다. 또한 새로운 지역이 중심지로 등장하기도 했으니, 이는 그곳에 이전 시기와는 다른 영향력이 가해졌으며 그에 따라 새로운 방향성을 갖게 되었다고 할 수 있을 것이다. 이러한 변화의 바탕에 무엇이 있었는지, 일제의 침탈이 어떤 영향을 끼쳤는지 살펴볼 필요가 있다.

마지막으로 일제강점기를 거쳐 온 마을과 도시, 그리고 그때 지은 건축물이 우리나라 곳곳에 남아 있다. 이들 유적에 대해 어떤 시선을 가져야 할지 고민하는 계기를 만들어 주니 이것 역시 현장을 살피는 이유가 될 것이다.

이처럼 조금 낯설고 무거운 주제인 일제 침탈의 현장을 찾아가는 것은 전근대 우리 역사를 찾는 것과 조금 결이 다르긴 하지만 꼭 필요한 과정이다. 무엇보다 우리 근대사의 일부인 일제강점기가 어떤 시대였고 어떻게 해석할지 고민하는 기회가 될 것이다.

더 나아가 이제까지는 일제강점기를 이야기할 때 독립운동, 혹은 이에 대한 일제의 탄압을 다루는 경우가 많았다. 그러나 일제 침탈의 현장에 대한 학습은 일제강점기를 보다 입체적으로 이해할 수 있도록 도와줄 것이다. 독립운동이 일제와 싸우는 과정이라면, 무엇 때문에 그들과 싸우게 되었는지, 당대 사람들이 느낀 상실감의 배경이 무엇이었는지 일제 침탈의 현장을 살펴보며 짐작할 수 있을 것이다. 무엇보다 독립운동을 중심으로 하는 역사 기술에서 그 시기 보통의 사람들이 겪었을 경제 문제에 대해 비중있게 다루기는 어렵다. 그러나 일제 침탈의 현장을 찾는 것은 일제가 우리 땅에서 수탈한 것이 무엇인지, 그로인해 우리 민족이 얼마나

전통 수리 시설인 김제 벽골제

고통을 겪었는지 확인하는 과정이 될 것이다. 이 책이 일제강점기 역사를 조금 새로운 시선으로 바라볼 수 있도록 이끌어 줄 것으로 기대한다.

2022년 12월
박광일

차례

발간사 • 2

머리말 • 5

1. 일제강점기 전라북도

   1) 전라북도의 중심이 바뀌다　12

   2) 평야와 저수지 사이에 선 농민　13

2. 새로 생긴 수리 시설

   1) 운암제 이야기　14

   2) 호남평야와 일본인 농장주　24

   3) 식민지에 등장한 새로운 농촌마을, 화호리에서　29

3. 교육과 산업의 연결고리를 찾아서-익산

   1) 지정면 익산, 새로운 도시의 등장　38

   2) 이리농림학교와 이리　41

   3) 익산역 일대에 남아 있는 침탈의 역사　45

   4) 익산 솜리 근대역사문화공간　55

   5) 익산 외곽에서 만난 침탈의 역사　60

4. 군산, 전라북도의 중심이 되다

   1) 군산부, 새롭게 등장한 도시　64

   2) 군산, 그리고 고군산　68

3) 농장과 금고 70

4) 임피역에서 만나는 식민지의 철도 78

5) 옥구농민항쟁과 서수 이엽사농장 81

6) 옥구 저수지, 그리고 불이농장 83

5. 군산 내항에서 만난 침탈의 역사

1) 내항과 옛 군산세관 85

2) 세관 창고, '정담' 89

3) 군산근대역사박물관 91

4) 제18은행 군산지점 92

5) 조선은행 군산지점 94

6) 부잔교 98

7) 반해원 99

8) 미곡취인소 터 100

9) 옛 군산시청 터 100

10) 동국사 101

11) 신흥동 일본인 가옥 105

12) 구암공원, 그리고 군산 3·1운동100주년기념관 107

맺음말 • 110

참고문헌 • 111

찾아보기 • 113

1
일제강점기 전라북도

1) 전라북도의 중심이 바뀌다

　전라북도의 일제 침탈 현장 답사를 준비하며 기록을 살펴보다가 조금 흥미로운 현상과 맞닥뜨리게 되었다. 일찍이 전라북도의 행정·교육·문화의 중심지로 널리 알려진 전주가 답사 장소로서 후 순위로 밀려난 것이다. 그 자리는 군산이 대신하였다.

　군산은 1899년 개항을 계기로 교류의 중심이 되었다. 전통시대 중심지였던 전주가 내륙에 위치했던 데 비해 군산은 바다와 강을 끼고 있었던 까닭에 근대 이후 발전에 유리했다. 그런 점에서 전라북도에서는 일제강점기 역사의 현장이라고 하면 가장 큰 변화를 보인 군산이 떠오른다. 이러한 현상은 비슷한 시기 개항한 부산이나 인천, 목포나 원산에서도 볼 수 있다.

　그런데 군산의 모습은 단지 '발전'이라는 말로만 표현하기에는 곤란한 부분이 있다. 군산의 변화를 이해하기 위해서는 군산과 전주, 그리고 또 다른 중심지 익산을 함께 살펴보아야 한다. 1914년 일제가 시행한 '부(府)' 제도와 1917년 시행한 '지정면(指定面)' 제도에 따라 군산과 익산, 전주는 각각 군산부, 익산면, 그리고 전주면이 되었다. 무엇보다 전주가 일개 면으로 지위가 격하되었으니 적어도 행정적으로 전주는 군산 아래, 익산과 같은 처지가 되었다.

이러한 변화는 같은 시기 다른 지역에서도 일어났는데, 이는 일제가 의도적으로 행정구역을 변경시켰기 때문이었다. 일제는 전통적인 한국의 지역 중심지를 대체할, 자신들에게 필요한 새로운 지역의 중심지를 만들어 낸 것이다. 그러므로 이 시기의 전라북도 역사를 이해하려면 지역에서 일어난 변화와 함께 그러한 상황을 만들어 낸 일제의 의도를 파악할 필요가 있다. 더불어 당시에 일어난 변화가 현재 전라북도에 끼치는 영향도 함께 고민해야 할 것이다.

2) 평야와 저수지 사이에 선 농민

일제강점기의 기록을 살펴본 뒤 호남평야를 바라보면 착잡한 마음을 피할 수 없다. 호남평야를 이르는 곡창지대가 당시 농민들에게는 고통이 되었을 것이기 때문이다. 그래도 혹시, 농토가 넓어지고 단위면적당 수확량이 늘어나 농민의 삶이 조금은 나아지지 않았을까? 그렇다면 현실은 어떠했을까?

필자는 고속도로를 사이에 두고 넓게 펼쳐진 평야가 갖는 역사 속 의미를 살펴보기 위해 전라북도로 답사를 떠나 보길 권한다.

이제, 일제 침탈의 역사 현장을 살피기 위한 여정을 떠나 보자.

2
새로 생긴 수리 시설

1) 운암제 이야기

　전라북도의 일제 침탈 현장을 이야기할 때 많은 사람이 군산을 먼저 떠올린다. 군산 내항 일대에 남은 항만 시설과 연결된 관공서, 그리고 은행이야말로 일제 침탈을 상징하는 존재가 아닌가. 그런데 과연 그것뿐인가 하는 의문이 생긴다. 예를 들어 쌀을 수탈했다는 얘기는 수확한 쌀을 모은 것이며, 쌀 수확량이 늘었다는 것은 농경지를 정리했다는 이야기가 되고, 농경지를 정리했다는 것은 수리 시설의 정비를 의미한다. 따라서 전라북도 일제 침탈 현장을 수리 시설 확충 → 농경지 정비 → 수확량 증가 → 선적과 수탈의 순으로 살펴보는 것은 어떨까.

　그런 점에서 수탈의 종착지라고 할 수 있는 군산은 답사 일정 중 맨 뒤로 미뤄 둬야 할 것이며 답사의 첫 장소는 아마도 운암제(운암댐)가 적당할 것 같다. 일반인에게 널리 알려지지 않은 운암제는 당시 최대 규모의 토목공사를 통해 건설됐으며 전라북도의 여러 지역에 물을 대기 위한 댐이었다. 무엇보다 운암제는 이른바 '제국(帝國) 수준'의 척식사업이 펼쳐진 곳이다. 그러니 운암제는 답사의 중요한 목적지가 되며 운암제 건설의 주체였던 '동진수리조합'에 대해서도 함께 살펴볼 필요가 있다.

널리 알려진 것처럼 산미증식계획(産米增殖計劃, 1920~1934년)은 일제가 식민지인 우리나라에서 펼친 핵심 사업이다. 산미증식계획은 말 그대로 쌀 생산을 늘리는 계획이었고, 이를 위해 일제는 쌀 증식을 위한 체계적인 계획을 세웠다. 그리고 이를 위해 토지 개량 사업이 선행되어야 했다. 전라북도에서는 호남평야가 그 대상이었을 것이다. 동진강과 만경강이 흐르

운암제

는 호남평야는 지금의 곡창지대 이미지와 달리 평야 전체 지역으로 놓고 본다면 가뭄에 취약했다고 한다. 정읍천 일대는 무난한 편이었지만 원평천과 신평천 일대는 용수가 부족해서 농사짓는 데 어려움이 있었다. 당시 이 지역의 토지 상황에 대한 조사 내용을 보면 용수 걱정 없이 농사를 지을 수 있는 곳은 전체 호남평야의 14% 정도였으며 하늘에서 내리는 비만 기다려야 했던 천수답이 무려 45% 정도였다고 하니 그 상황을 짐작할 수 있다.

그러므로 이 지역에 적절한 수리 시설이 들어설 경우, 쌀 생산량의 증가와 안정적 수확을 기대할 수 있었다는 점에서 일찍부터 일본인의 관심을 끌었다. 일본에 비해 저렴한 토지 가격 등 여러 이점을 염두에 두고 전라북도 일대에 대규모 토지를 확보했고 또 늘려 가고자 했던 일본인 농장주들에게 수리 개선 문제는 선택이 아닌 필수가 되었으니, 이를 위해 만든 조직이 바로 수리조합이다. 이렇게 해서 임익수리조합(1909년), 대정수리조합(1914년), 익옥수리조합(1920년) 등이 전라북도에 등장했다.

전라북도에서 가장 큰 수리조합은 1925년에 결성된 동진수리조합이다. 이 조합은 동양척식주식회사를 필두로 아베농장(주), 타키농장, 이시카와켄농업(주), 구마모토농장이 상설위원이었으며 이들이 소유한 토지가 조합 예정 구역의 50%가 넘었다. 동진수리조합은 한 번 설립되었다가 실패한 경험이 있었는데 1924년에 큰 가뭄을 겪으며 재설립되었다. 동진수리조합은 이제까지 이 지역의 대표적 관개시설인 벽골제를 대신할 새로운 용수원을 만드는 것을 목표로 삼았다. 이에 따라 일본에서도 본 적 없는 대규모 건설사업을 계획했는데, 이 과정에서 당대 최신 기술이 반영되었다고 선전하였다. 이렇게 일제의 선전장 역할을 하며 완성한 것이 바로 1928년 12월, 임실군 강진면과 정읍시 산외면 사이에 만든 운암제다. 이때 유역변경식 발전소인 운암발전소(1929년)가 추가되며 이 지역에 이전에 볼 수 없었던 새로운 시설이 모습을 드러냈다.

운암제의 등장은 관개수로의 직선화 등을 동반하며 호남평야 일대의 풍광을 바꿔놓았다. 이 과정에서 농경지 역시 정비가 이루어져 바둑판 모양의 논이 펼쳐진 모습이 많이 늘어나게 되었다. 더불어 운암제 건설에 들어간 비용을 회수하는 과정이 이어졌다. 새롭게 운암제의 혜택을 받거나 운암제의 수원을 바탕으로 농지를 개간한 지역에서는 '물세'에 해당하는 수리조합비를 내야 했는데, 이는 조합에 가입한 개별 농장에 나누어 부가되었다. 하지만 농장주는 수리조합비를 자신이 부담하는 대신 소작인들에게 전가해 해당 지역에서 소작농의 소작료 부담이 커졌다. 운암제 건설 이전에 소출의 40~50% 정도였던 소작료가 60%대로 치고 올라간 것이다.

이러한 이유로 한국 농민, 곧 소작농이 중심이 되어 수리조합반대운동을 펼치기 시작했으니 수리 시설의 등장과 경작지의 정리, 그리고 수확량의 증가가 농민에게 어떤 영향을 끼쳤는지 짐작할 수 있다. 또 댐 건설로 수몰된 토지와 임야에 대한 보상은 미미했으며, 일부 지역에서는 오랫동안 세거해 온 가문의 근거지를 떠나 새로운 지역으로 옮겨 가야 했다. 이러한 일은 사소한 일로 치부되었으나, 전통적으로 이 지역에 살고 있던 사람들은 운암제로 인해 삶의 기반이 해체된 것이다. 또한 기존 수리 시설을 이용하던 농민들은 필요하지도 않은 수리 시설 이용과 관련해 높은 부담을 지게 되었으니 겉으로 드러난 효과의 이면에는 많은 문제점이 있었다.

운암제가 잠겨 있는 옥정 저수지 전경

　이처럼 일본인 농장주가 주체가 된 동진수리조합이 운암제를 건설한 유일한 목표는 호남평야에서 더 많은 쌀을 생산하는 것이었다. 그러므로 운암제 건설로 이익을 본 것은 모두 일본인 소유 농장이었다.
　이러한 내용을 살피기 위해 일제 침탈의 현장을 찾아가는 첫 장소로 지금은 사라진 운암제, 그리고 운암제에 딸린 발전소인 운암발전소를 찾아가려고 한다. 지금 댐은 호수에 잠기고 발전소는 멈추었지만 남아 있는 유적과 그러한 시설들이 있던 장소를 찾아본다면 그 시대에 일어난 일을 상상할 수 있을 것 같다. 무엇보다 '척식'의 의미를 생각하게 한다는 점에서 운암제가 걸쳐 있는 임실과 정읍을 살펴보자.
　지금 운암제를 찾아가려면 옛 운암제가 있던 주소(임실군 강진면이나 정읍시

섬진강 다목적 댐 전경

산외면)나 '섬진강 다목적 댐'을 목표로 해야 한다. 그 이유는 운암제 하류 2.4킬로미터 지점에 1965년에 완성한 섬진제(섬진강 다목적 댐)가 들어서며 완전히 물에 잠겼기 때문이다. 운암댐이 만든 저수지의 저수량이 6천 9백만 톤이었는데 섬진강 다목적 댐으로 생긴 옥정호는 저수량이 4억 3천만 톤으로 훨씬 규모가 크다. 섬진제를 바라볼 수 있는 조그마한 공원에 가면 옛 운암제를 찍은 흑백사진이 있어 옛 모습을 살피는 데 도움이 된다. 호남평야의 척식을 위해 임실(또는 정읍)에 거창한 댐을 세운 사실을 확인하는 것은 당시 일제 침탈의 규모가 어느 정도였는지 살펴볼 수 있으니 일제강점기 침탈에 대한 기본 인식을 다르게 만든다.

생각해 보면 상당수의 댐(춘천댐, 수풍댐 등)이 일제강점기에 완성되었다. 자

멀리서 본 운암발전소의 모습

신들이 필요로 하는 것을 얻기 위해 대규모 투자를 마다하지 않았던 식민지 지배 정책의 결과를 마주하는 것은 총칼로 억누르는 것과는 다른 차원의 통치 현장이며 어떤 면에서 수탈의 본질을 보는 것이다. 그런 점에서 운암제의 옛 모습을 살펴보는 것은 조금 두렵기까지 하다.

운암제의 흔적을 살펴보았다면 다음으로 가 볼 곳은 운암발전소다. 운암제는 당시로서는 획기적인 유역변경식 발전을 시도했다. 이에 따라 두 개의 발전소가 설치되었는데 운암발전소(1929년)와 해방 직전 운영이 시작된 칠보발전소(1945년 4월)다. 이 가운데 운암발전소는 운암제 건설과 비슷한 시기에 완성되어 5,120킬로와트의 전기를 생산하였다.

이 발전소는 운암제의 물을 끌어와 2.7킬로미터의 수로를 지나도록 한 뒤 발전한 물은 동진강에 방류하는 방식으로 운영되었다. 설립 당시 남

운암발전소 입구(위)와 내부(아래) 모습

한 최초의 수력발전소라는 점에서 이목을 끌었다.

  운암발전소는 1950년 6·25 전쟁에서 치열한 전투 현장이 되어 발전 설비가 파괴된 탓에 잠시 운영을 멈추었다가 1951년 이후 일부를 복구하여 부분적으로 발전을 이어 갔다. 그리고 1985년에 수익성 문제 등으로 인해 발전을 멈추었다. 지금 찾아가는 운암발전소 건물은 사람들의 손길이 떠난 지 30여 년이 지나면서 폐허처럼 변했는데, 한자로 적힌 발전소 이름은 입구에 선명하게 남아 있어서 남다른 인상을 준다.

본 건물 옆에 남아 있는, 역시 폐허가 된 부속 건물과 산의 능선까지 이어진 콘크리트로 만든 계단에는 일제강점기뿐 아니라 현대 한국의 요소가 섞여 있다. 하지만 그 시작이 1929년이라는 점에서 발전소 건설 과정, 설립 의도의 역사를 생각하게 하는 유적이다. 아울러 옛 발전소 건물은 운암제, 그리고 동진수리조합, 운암발전소와 칠보발전소에 대한 역사를 살펴보는 곳이 되었으면 좋겠다.

운암제와 관련되어 같이 살펴볼 곳이 하나 더 있다. 운암제 설치 이전, 이 지역을 대표하는 전통적인 관개 시설인 벽골제다. 벽골제는 이 지역을 대표했던 저수지로 기록에 따르면 삼국 시대부터라고 하나 실제 지금의 몽리(蒙利: 수리 시설의 혜택을 보는 지역) 지역을 염두에 둔 둑의 설치는 조선 시대 태종대부터였던 것으로 보인다.

이렇게 설치된 벽골제는 만수위가 되면 1,100만 평에 이르는 넓은 저수지가 되었다고 한다. 그러나 수리의 운용 관점에서는 어려움이 적지 않았던 것 같다. 아무래도 낮은 수심(3~6미터)으로 인해 저수량을 많이 확보하기 곤란하여 그 혜택이 닿는 토지에 한계가 있었다. 이처럼 벽골제는 호남평야의 벼농사와 깊은 관계가 있는 곳이지만 농토의 확장을 위한 개간과 가뭄 극복에는 그 효과가 제한적이었던 셈이다.

『동국여지승람』을 보면 벽골제에는 4개의 수문이 있는 것으로 나오며, 최근 발굴을 통해 두 개의 수문인 장생거와 경장거의 흔적을 찾았다. 그

운암발전소 콘크리트 계단

역할이 제한적이었다고는 하지만 이 지역을 대표하는 수리 시설이었으며 실제로 운용되었음을 보여 주는 중요한 자료다. 하지만 지금은 벽골제의 흔적을 살필 수 없다. 물을 가두던 저수지 둑에 올라가면 거대한 저수지가 아닌 넓은 논이 보인다. 운암제가 생기며 원형이 변경되어 저수지가

벽골제 위에서 둑과 수로를 본 모습

'수로(水路)'로 변형되었기 때문이다. 그리고 저수지를 이루던 1,100만 평의 너른 면적은 대부분 논으로 바뀌었으니 전근대 수리 시설이 일제강점기에 새로 생겨난 수리 시설로 인해 그 운명이 바뀐 것이다.

2) 호남평야와 일본인 농장주

이런 사연을 알게 되면 호남평야의 너른 들을 바라보는 맘이 편치 못하다. 하지만 지금은 우리의 귀한 곡창지대이니 역사 속 상황을 이해함에야 그럴 수 있지만 그런 마음을 굳이 오래 가질 필요는 없어 보인다. 대신 눈앞에 펼쳐진 풍광에 어떠한 역사가 있었는지 알아보겠다는 마음을 더 굳게 가져 보는 정도면 어떨까.

화호리의 일본인 직원 사택 건물과 화호리 풍경

호남평야에 담긴 역사는 '식민'과 '식민정책'의 본질이 무엇인지 찾아갈 수 있도록 한다. 일제가 경찰과 군대만 파견하였다면, 즉 무단 통치를 했다면 그건 점령지의 성격이 더 강할 것이니 식민지의 원래 의미와는 거리가 멀어진다. 하지만 우리는 그 시기를 '일제 식민지 시기'로 인식하고 있으며 일제는 식민지를 운용하기 위해 말 그대로 '식민(植民)'을 실시했다. 초기에는 동양척식주식회사(이하 '동척')가 일본 농민의 이민을 주도했다. 동척은 처음 일본 농민을 한국으로 이민시키며 이민자의 자격을 구분했다. '갑종(甲種)이민'은 자작농, '을종(乙種)이민'은 소작농을 염두에 둔 것으로 대규모 농민을 모아 집단이민을 하고자 했다. 하지만 이민을 시행하는 과정에서 한국 농민과 충돌하는 일이 빈번해지며 일본 농민의 집단이민이 실패로 돌아가자 이민 정책을 바꾸었다.

동척은 자작농을 대상으로 하는 갑종이민을 '제1종 이민'이란 이름으로 바꾸고, 사실상의 지주 이민이라고 할 수 있는 소작 경영이 허용되는 '제2종 이민'을 신설하였다. 이에 따라 일본인 농장주가 '본격적으로' 등장하기 시작했으니 전라북도 일대의 호남평야는 농장 개설을 생각하던 일본인들에게 엘도라도와 같은 곳이었다. 약간의 개간과 수리 시설 확충으로 대규모의 토지를 확보할 수 있었기 때문이다.

사실, 일본인의 호남평야에 대한 관심은 동척이 이민 정책을 시행하기 훨씬 이전부터 존재했다. 조선, 그리고 대한제국 시기 초반에는 외국인의 토지 소유가 엄격하게 금지되었다. 그런데 러일전쟁 직후인 1906년 이후 통감부는 외국인의 토지 소유가 가능해지도록 법령을 바꾸었으며, 이를 바탕으로 일제강점기 이전에 한국에서 농장을 운영할 목적으로 많은 일본인이 한국에 들어왔다. 일본인이 이렇게 움직인 배경에는 당시 한국의 토지 가격이 일본에 비해 저렴한 데 있었는데, 지역에 따라 10분의 1 이하까지 낮은 경우가 있어 소작 경영만으로도 높은 수익을 기대할 수 있었기 때문이다.

전주와 익산, 김제에 대규모 토지를 갖고 있던 이토 초베에(伊藤長兵衛)는 나중에 '이토(伊藤)농장'이 되는 이등도변기업조합(伊藤渡邊企業組合)을 만들 때 농장에서 발생하는 이익금 중 적립금과 경상비는 30%로 산정한 반면, 출자금의 배당금은 무려 70%를 산정하였다. 이 사례만 보아도 한국에서 농장 경영이 얼마나 수익이 높은 사업이었는지 짐작할 수 있다.

한국병관 이후 일본인들은 너도나도 전라북도 일대로 몰려들었다. 그들은 대규모 농장 경영에 뛰어들었고 이를 지탱해 줄 핵심 요소인 수리시설 확충을 위한 수리조합에 큰 관심을 두었다.

당시 설립된 수리조합 내 토지 소유 현황을 보면 거주 인구는 한국인이

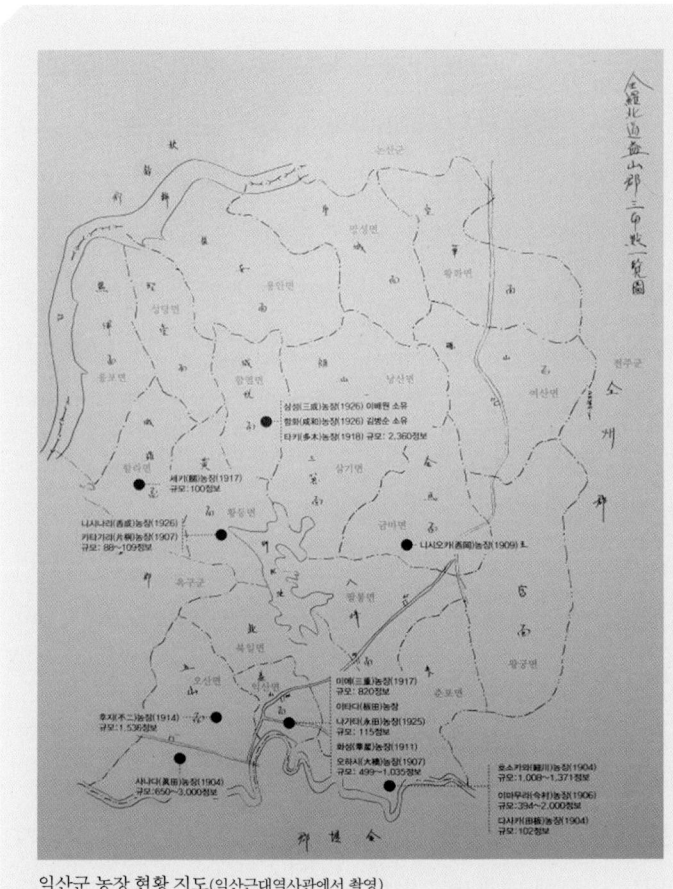

익산군 농장 현황 지도(익산근대역사관에서 촬영)

일본인보다 3~4배가 많았지만 소유한 토지는 2분의 1(임익수리조합, 전익수리조합, 동진수리조합)에서 6분의 1(익옥수리조합)에 불과했다. 더구나 1인당 토지 소유 면적으로 한정해서 보면 그 격차는 더욱 커져 일본인이 3~4배 많은 것은 기본이었으며 지역에 따라 10배(동진수리조합)까지 차이가 났다. 따라서 호남평야에서 일본인 농장과 그들 소유의 토지를 보는 것은 당시에는 흔한 일이었다. 물론 이처럼 일본인 농장주, 그리고 일본인 중심의 수리조합이 활동할 수 있게 된 배경은 지원했기 때문이었고, 수리조합 운용 비용 중 상당 부분을 일본계 은행인 농공은행이나 동척 등이 장기 저금리 자금으로 이러한 점에서 금융과 결합한 농장 경영이라고 할 수 있다.

그렇다면 일본인 농장주는 농장을 어떻게 경영했을까. 대규모 농토를 확보한 일본인 농장주는 농사지을 한국인 농민들을 대규모로 모집하였다. 먼저 소작농 후보자들을 대상으로 면접을 본 뒤 건강이나 농업 지식을 바탕으로 소작농을 선정했다. 그리고 나서 이들 소작농을 다섯 가구, 또는 여섯 가구 한 조로 묶어 경지를 소작하도록 했다. 만약 소작농 가운데 한 집이 문제를 일으키거나 경제적 손실을 입힐 경우 다른 소작농이 이를 부담하도록 했다. 이러한 상황에서 일본인 농장주는 자신이 부담해야 할 수리조합비를 소작료에 포함시켜 한국인 소작농에게 고율의 소작료를 부담시켰는데, 그 비율이 소출 대비 무려 60~70%에 이르렀다. 그런 점에서 관개 시설의 등장으로 생산량이 늘어나고 풍흉의 격차가 줄어들었지만 한국인 농민의 궁핍함은 사라지지 않았다.

하지만 이런 상황을 반영한 농촌은 어떤 모습인지, 일본인 농장주의 흔적이 남아 있는 마을에 대해서는 이제까지 별다른 관심을 끌지 못했던 것 같다. 시마타니 금고처럼 농장주와 관련된 유적이 곳곳에 남아 있는 군산과 달리 마을 단위로 그러한 흔적을 살펴볼 수 있는 곳이 드문 것도 하나의 이유로 보인다. 그런 점 때문에 다음 장에서 살펴볼 정읍의 화호리(禾湖里)는 중요한 곳이다.

3) 식민지에 등장한 새로운 농촌마을, 화호리에서

화호리 마을 입구 전경

일제 침탈의 역사를 찾기 위한 장소는 주로 도시다. 군산을 비롯해 목포나 인천, 서울의 용산, 중구 일대나 부산의 용두산 일대가 그 대상이다. 도시가 그러한 장소로 선정되는 이유는 일제강점기와 그 전후에 세워진 건축물이 여럿 있어서 그 시기의 특징을 금방 이해할 수 있기 때문이다. 그리고 이러한 건물이 비교적 많이 남아 있는 이유는 이 건물들이 주로 행정기관과 은행처럼 공공 목적의 건물로 계속 쓰이는 경우가 많았고, 혹시 용도가 바뀌어도 약간의 보수와 내외장 변경을 통해 활용할 수 있는 정도의 규모이기 때문이다.

하지만 일제강점기 모습이 남아 있는 도시 지역과 달리 농촌에서는 당시의 모습을 찾아보기 어려운 편이다. 일제 침탈의 현장으로서 농촌에 대한 관심이 부족한 사이 수십 년의 시간이 흐르면서 도시의 철근콘크리트 건물과 달리 농촌에 남아 있던 건물은 주로 목조 구조의 주택이나 창고였기에 내구성이 약해 자연적으로 사라지는 경우도 많았다. 더 나아가 중요한 역사 사건, 혹은 인물과 관련이 없거나 건축적 평가를 받지 못하는 일반 주택을 비롯한 소규모 건축물은 일제강점기의 잔재라는 평을 받으며 빨리 없애야 할 것으로 치부되기도 했다. 하지만 일제강점기 도시의 모습처럼 농촌의 모습 역시 당시 상황을 이해할 수 있는 중요한 역사 현장이다. 그런 점에서 벽골제에서 멀지 않은 곳에 있는 정읍의 화호리를 찾아보아야 한다.

화호리는 정읍시 신태인읍에 있는 마을이다. 마을을 가로질러 화호천이 흐르고 야트막한 언덕에 기대 건물이 곳곳에 들어선 화호리는 겉으로 보면 전라북도 일대의 여느 농촌 마을과 비슷해 보인다. 그런데 마을 안으로 조금만 걸어가면 일본인 농장에서 쓰던 창고나 일본인 농장 관리인 사택을 비롯해 화호 자혜진료소로 쓰던 건물 등 여러 곳에서 아직 일제강점기의 흔적을 찾을 수 있다. 다만, 지난 몇 년 사이 이러한 흔적 가운데 일부는 사라지거나 혹은 변화가 생겼으며 또 다른 건물이 지어지는 등 기록 속 모습을 찾기 어려워졌다.

'벼'와 '호수'의 의미는 이제까지 전라북도 일대 농업과 관련해 살펴본 화두라는 점에서 '화호리'란 이름을 들었을 때 풍요로움과 함께 묘한 감정이 느껴지는 것을 피할 수 없다. 지금은 조그마한 마을이지만 화호리는 신태인이 생기기 전에는 면 소재지로 번화했던 곳인데, 화호천을 배경으로 형성된 교통로를 통해 교류가 활발했던 것과 마을 주변의 비옥한 토지 덕분이다. 하지만 일제강점기에 접어들며 전라북도 굴지의 일본인 농장주이자 지주였던 구마모토 리헤이(熊本利平)가 화호에 지장(支場)을 설치하며 분위기가 크게 바뀌었다.[구마모토는 군산 개정에 본장(本場)을 지경, 대야, 화호(이상 정읍), 상관(완주) 등 네 군데에 지장을 두었다]. 또 1913년 동척의 농업 이민자 25가호가 고치현에서 화호리로 옮겨 오며 조선인 마을에서 일본인 중심의 마을로 변모해 간 것이다.

그렇다면 지금 화호리에서 찾아볼 수 있는 당시 모습은 어떤 부분이며 그 의미는 무엇일까. 큰 도로에서 화호리로 들어가는 길에 들어서면 멀리서 '정읍근대역사관'이라 적힌 안내판이 보인다. 그리고 이 안내판을 따라가면 조금 현대적인 건물이 있다. 바로 구마모토 쌀 창고다.

원래 마을 안에는 농장에서 쓰던 5개의 쌀 창고가 있었는데 지금은 하나만 남았으며 최근에 보수를 해서 '정읍근대역사관' 건물이 되었다. '정읍근대역사관'은 마을의 역사와 함께 정읍 일대 일제강점기 역사를 살펴볼 수 있도록 했다. 이 건물은 규모가 315제곱미터에 이른다. 그런 규모 덕분에 광복 후 화호중앙병원, 화호여자중학교 등으로 쓰였다고 한다.

구마모토농장과 관련해 마을에서 몇 채의 집을 찾아볼 수 있다. 농장주 구마모토 리헤이의 집으로 알려진 건물도 그 가운데 하나다. 원래 이 건물은 1920년에 지었다고 하며 건축 면적은 185제곱미터이다. 규모가 그리 큰 편은 아니며 구마모토가 잠시 화호리에 들렀을 때 사용했다고 한다. 구마모토가 마을을 찾아오면 잔치와 같은 느낌이었다고 한다. 음식을 더 하고 약간의 선물을 마을 사람에게 나누어 주었다고 하니 생색을 냈던 모양이다. 구마모토의 집 역시 새롭게 단장을 해서 옛 느낌은 나지 않는다. 다만 한국의 농촌 가운데에 생뚱하게 서 있는 일본식 가옥이 오히려 당시 새롭게 등장했을 일본인 거주 공간의 생경한 분위기를 그대

일제강점기 때 구마모토 쌀 창고 건물이었던 정읍근대역사관

구마모토 리헤이의 집

화호리 농산과장의 집

로 전달하는 것 같다. 당시 이 마을에 살던 사람들은 구마모토의 집을 보며 지금 보통의 답사객이 느끼는 감정과 비슷한 생각을 하지 않았을까.

마을에는 구마모토농장을 관리하던 경리과장과 농산과장의 사택도 있었는데 지금은 농산과장의 사택만 새롭게 정비되어 구마모토 가옥과 짝을 이루는 것처럼 보인다. 구마모토가 평소에는 일본에 머물다가 1년에 한두 번만 한국을 방문하고도 농장을 운영할 수 있었던 것은 바로 이러한 농장 관리인을 둔 덕분이었다. 본장과 지장에는 사무 및 관리직을 포함하여 농장 전반의 업무를 일본인 직원에게 배분하여 맡겼고, 농사를 짓는 것은 대부분 한국 농민의 몫이었다. 그런 모습을 짐작할 수 있는 일본인 직원 합숙소 건물은 창고 건물로 바뀌어 역시 구마모토 가옥 근처

일본인 직원 합숙소 건물. 앞에 새로운 시설이 덧붙여져 쓰이고 있다.

대장간과 고바야시 상점

에 자리 잡고 있다.

이런 내용을 바탕으로 당시 모습을 상상하면 근대 시기, 동남아시아, 중남미의 재식농업, 곧 사탕수수나 천연고무 플랜테이션에서 유럽인 농장주와 관리가 있고 현지 사람들이 농사짓는 모습을 떠올리게 된다. 그것이 열대 우림의 상품 작물이 아닌 벼농사라는 점이 조금 다를 뿐. 그러나 조금 더 생각해 보면 플랜테이션과 마찬가지로 전라북도 일대 농장에서도 '벼'를 단일재배였으니 그 느낌이 전혀 다르다고 볼 수는 없을 것 같다.

이 밖에 마을에는 농장 소작인들의 치료를 위해 세운 화호 자혜진료소 건물이 남아 있다. 많이 낡고 변해서 옛 모습을 담은 사진과 지도를 잘 살펴야 그 모습을 확인할 수 있다. 농장의 진료소인 자혜진료소의 본소는 군산 개정면에 있었다. 군산 진료소 소장 이영춘 박사는 이곳까지 와서 환자들을 살폈다고 한다. 하나의 농장에 이 정도의 진료소가 여럿 있었다는 것은 농장의 규모를 상상하는 하나의 방편이 될 것이다.

이 밖에도 마을에는 일본인을 위한 마을이었음을 알려 주는 공간이 건물, 혹은 건물터로 남아 있다. 현재 새로 지은 학교 건물이 있는 자리는 구마모토농장이 있던 시절에는 고등심상소학교*가 있던 곳이다. 그 밖에 일본인이 운영하던 대장간과 고바야시의 상점 건물이 그대로 남아 있다.

이처럼 화호리는 농촌의 모습 속에서 일본의 식민사업이 조선에 어떻게 이뤄졌는지 상상할 수 있는 곳이다. 화호리에 남은 침탈의 모습은 농

---

* 일본인 자녀들은 조선인들이 다니는 보통학교와 달리 소학교라 부르는 초등학교에 입학했다. 1926년 7월 1일 '소학교령'에 의해 보통학교와 소학교의 구분 없이 심상소학교(尋常小學校)로 이름이 바뀌었으며, 수업 연한도 6년으로 연장되었다. 기초 과정인 심상과만 있으면 심상소학교, 고등과가 있으면 고등심상소학교로 불렸다

일본인 학교가 있던 곳에 들어선 학교

촌 혹은 어촌에서 일어난 식민지화의 결과라는 점에서 함께 살펴볼 때 그 당시 상황을 이해하는 데 도움이 된다. 그런 점에서 화호리의 일제강점기 유적은 특이하면서도 귀한 존재라고 할 수 있다.

다만 최근 답사 과정에서 10여 년 전 기록에도 보이던 유적이 유실된 것을 확인할 수 있었다. 대표적으로 이 마을의 유일한 2층 일본식 가옥이었으며 우체국으로 활용되기도 했던 다우에 타로(田植太郎) 가옥은 헐린 뒤였고 그 자리에는 새로운 건물이 들어서 있었다. 또한 마을 안내자의 설명이 없이는 각각의 장소를 찾기도 어렵고 그 장소가 맞는지 확인하기도 어렵다는 점에서 답사를 위한 정리 작업이 필요해 보인다(마을 입구에 있는 정읍 근대역사관에 요청하면 상황에 따라 마을 안내를 받을 수 있다). 다만, 이러한 답사가 화호리에 거주하는 사람들에게 폐가 되지 않을 방법도 동시에 고민해야 하며 역사 학습을 위해 자신들의 거주 공간을 내주는 것에 대해서 어떤 혜택을 받도록 할 것인지도 함께 생각해야 할 것이다. 이와 관련하여 이제까지 다양한 방식으로 진행해 온 농촌 지원사업(정보화 마을, 체험마을 등)과 연계하거나 별도의 사업 계획이 필요해 보인다. 이러한 정비 과정을 거친다면 화호리는 이제까지의 근대 역사 유적과 조금 결이 다르면서도 당시 상황을 이해하는 데 도움이 되는 특별한 공간이 될 것이다. 더 나아가 근처의 익산(구 이리)이나 군산과 연계한다면 일제 침탈의 현장을 살피는 중요한 고리가 될 수 있다.

3
교육과 산업의 연결고리를 찾아서-익산

1) 지정면 익산, 새로운 도시의 등장

보통 어느 지역의 역사를 살피려면 그 지역의 지명이 갖는 유래를 밝히는 것으로 시작하는 편이 좋다. 지명은 그 지역에 대한 많은 내용을 품고 있는 열쇠가 되는 경우가 종종 있기 때문이다.

익산의 백제 때 지명은 금마(金馬)였으나 고려 말, 원 순제의 비였던 기황후의 외가 고을이라는 이유로 익주(益州)로 승격하여 불렀다. 그런데 익산 지역의 내력을 정리하기 어려운 것이 있으니 이리와 익산의 관계다. 보통 익산의 예전 이름이 '이리'라고 하는데 그것도 맞지 않으며 익산-이리-익산의 방식으로 해석하기도 어렵다(1899년 전주에서 분리되어 익산군에 편입되었다가 1931년 익산면이 승격하며 이리읍이 되었다. 1947년 이리부로 승격하며 익산에서 분리되었으며, 1949년 이리시가 되었다가 1995년 행정구역 개편에 따라 익산군과 통합되어 익산시가 되었다).

그 이유 가운데 하나는 이리(裡里) 일대를 중심으로 하는 익산이 근대 역사에서 돌출되면서 전라북도의 대표 도시가 되었던 특이한 이력을 가지고 있기 때문이다. 이리는 1977년 많은 희생자를 낸 이리역 폭발사고로 사람들에게 각인된 지명이기도 하다. 그렇다면 익산과 다른 이리는 어떤 내력을 가지고 있을까. 먼저 이리란 지명의 유래를 살펴보자.

이리란 지명은 정조 임금 때인 1789년 발간된 『호구총수』에 나온다. 전주부 남일면 '이리(裏里)'다. 여기에서 알 수 있듯이 이리는 원래 전주에 속했던 전주부 남일면의 작은 고을이었다. 그러다가 1906년(일설에는 1899년)

이리읍(익산) 모습이 담긴 일제강점기 엽서 사진(익산근대역사관에서 촬영)

에 익산군에 속하게 되었다. 이리는 갈대밭이 무성한 작은 마을로 인가는 10여 채에 불과했으며 지명도 갈대밭 속에 있다고 해서 숲 속에 들어 있는 마을, 곧 '숩리', '솜리'라고 하던 것이 한자 지명인 이리로 정해졌다.

이러한 이리 지역, 즉 익산에 큰 영향을 끼친 것은 1899년, 군산의 개항이다. 군산이 개항되어 상인들이 내륙까지 드나들며 이리에 조그마한 객주가 들어섰다고 한다. 이후 군산을 근거지로 활동하던 일본인이 하나 둘 이리로 이주해 오기 시작했다. 이리가 도회지의 면모를 보이기 시작한 것은 1912년 호남선 이리역의 개통에서 비롯된다. 이제 이리는 익산에서 더 이상 갈대가 자라는 한적한 고을이 아니었다. 그리고 이리를 품은 익산은 이전과 다른 모습으로 빠르게 변하기 시작했다.

익산이 이 지역을 대표하는 도시가 되었다는 것은 1917년 일제의 행정구역 개편에 따라 익산이 지정면(指定面)이 된 것을 통해 알 수 있다. 당시 전국에 있던 2,512개의 면 가운데 단 23개만 지정면(수원, 개성, 영등포, 청주, 공주, 대전, 강경, 조치원, 전주, 익산, 광주, 김천, 포항, 진주, 진해, 통영, 해주, 의주, 춘천, 함흥, 나남, 성진, 회령)이 되었는데 전라북도에서는 전주와 정읍이 이리와 함께 지정면이 되었다. 전통적인 각 도의 중심지가 제1급의 도시라고 할 수 있는 부(府: 경성부(서울)나 군산부, 인천부)가 되었고 다음 수준의 도시가 지정면이 된 것이다. 그런 점에서 적어도 1917년 기준에서 신흥 도시 익산이 이 지역의 대표 중심지인 전주와 같은 급으로 평가받았다는 점은 놀라운 일이 아닐 수 없다.

그렇다면 이러한 익산, 그리고 이리가 변화한 바탕에는 무엇이 있었을까. 그 내력을 짐작할 수 있는 기록이 있다. 1915년, 이리 일대 인구를 보면 일본인이 2,053명으로 한국인 1,367명보다 많다. 사실, 아무리 일제강점기라고 하더라도 일본인이 한국인보다 많은 고을은 거의 보기 어렵다.

일본인이 많이 살았던 군산만 하더라도 한국인과 일본인의 숫자는 거의 비슷했다. 그런 점에서 익산은 일본인이 모여들면서 일제가 바라볼 때 그 중요도가 높은 곳이 된 것이다.

더 나아가 수탈의 관점에서, 익산 지역을 여러 면에서 전략적인 가치가 있다고 평가한 것으로 보인다. 익산 지역에 옮겨 온 일본인은 전라북도 일대의 곡창지대와 수출항으로서 군산, 그리고 수입항으로서 일본 오사카를 연결하는 시작점이 되는 익산의 위치에 주목했다. 1912년, 익산(좁게는 이리) 지역의 일본인 농장주는 금마, 전주와 경합하던 호남선을 익산으로 유치하는 데 성공했다. 일설에는 전주 유림들이 호남선의 전주 통과를 반대했다고 하지만 이를 증명할 만한 뚜렷한 근거가 없다. 또 조선총독부가 주요 기간산업인 철도 노선 결정에 한국 유림의 의견을 반영하는 모습은 상상하기 어렵다. 오히려 여러 자료를 보면 이리 지역의 일본인, 그리고 소수의 한국인 농장주가 철도를 유치하려는 노력을 했다는 점에서 그러한 의견이 총독부의 뜻에 맞았을 가능성이 높다. 이처럼 익산은 일본인의 입김이 많이 들어간 도시였는데, 조금 더 극적으로 표현하여 이리 일대를 한정해서 '이민 도시'라고 부르기도 한다. 그렇다면 당시 익산의 상황은 어떠했는지 살펴보자.

2) 이리농림학교와 이리

익산(좁은 의미로 옛 이리 지역을 한정해서 살펴볼 때를 제외하고는 '익산=이리'의 뜻으로 살펴보고자 한다)을 살피기 위해서는 두 방향으로 보아야 한다. 하나는 과거에 이리역으로 부르던 익산역 일대, 즉 옛 이리 중심지의 거리를 걸으며 일제강점기의 흔적을 찾는 것이다. 비록 넓지 않은 공간이지만 걷다 보면 일반적인 백제 왕도(王都), 곧 무왕과 선화공주의 역사와 전설이 남은 도시로 알려진 것과 사뭇 다른 근대의 모습을 만나게 된다. 또 하나의 방향은 전북대학교 특성화캠퍼스에 있는 옛 이리농림학교 건물을 살펴보는 것이다. 1922년 개교한 이리농림학교는 이리가 도시로 발전하던 시점에 등장했다. 그럼, 조금 가벼운 주제가 될 수 있는 이리농림학교를 먼저 살펴보자.

이리농림학교는 1915년에 일본인 가타기리 와조(片桐和三)가 설립을 청원하면서 관심거리가 되기 시작했다. 이후 1918년, 조선총독부가 관립 농림학교 설립계획을 세우자 대장촌(익산시 춘포면)의 농장주였던 이마무라 이치지로(今村一次郎) 등이 익산 군수에게 유치의 뜻을 전하며 익산에서 농림학교 설립 청원운동이 본격적으로 시작되었다. 이들이 10만 원의 설립 지

이리농림학교 개교 기념 건축물

원금을 준비하고 이리 지역의 농장주[오하시 요이치(大橋與市) 등]가 총독부를 대상으로 적극적으로 청원 활동을 벌인 결과 1921년, 이리에 농림학교 설립이 결정되었다. 이렇게 생겨난 이리농림학교는 내선일체(內鮮一體)를 표방하여 한국인 학생과 일본인 학생을 각각 절반씩 뽑았다. 수업 연한은 5년이었으며 이른바 갑종(甲種) 학교로서 명성이 높았다고 한다. 이러한 명성을 유지하기 위해 신입생 선발 대상을 전국으로 넓혔으니 경쟁률이 수십 대 일에 이를 정도였다. 이렇게 해서 뽑힌 학생은 전원 기숙사 생활을 했으며 학생들은 학업뿐 아니라 특기활동도 활발해 고학년의 경우 수학여행을 일본으로 갈 정도였다. 그렇다면 왜 이 지역의 농장주들은 이리농림학교 설립에 이토록 많은 관심과 노력을 들였을까.

그 배경은 일반 학교가 아닌 농림학교라는 점, 그리고 관립이라는 점과 관련이 있어 보인다. 값싼 토지를 일본계 금융의 지원을 통해 대규모로 사들이며 농장을 가지게 된 농장주들은 농장 운영이 안정되자 이른바 선진적인 일본의 농업기술을 자신의 농장에 들여오고 싶어 했다. 또한 농장을 운영할 인재 역시 계속 수급할 수 있게 된다면 농장 운영이 한층 더 안정될 것이라고 보았다.

이런 조건을 충족시킬 수 있는 것이 바로 농업기술을 다루는 농림학교였다. 학교 설립 초기, 농업과와 임업과 두 전공을 설치한 것도 직접적으로 활용할 인재를 양성하려 하는 의도였다. 이리농림학교가 매년 여는 품평회는 일종의 농업기술 홍보대회였으며 익산의 중요한 행사가 되었다.

하지만 이리농림학교 역시 1930년대 들어 일본인 농장주의 설립 목적과 다른 방향으로 변해 갔다. 1929년 광주학생운동의 영향을 받아 이리농림학교에도 독서회가 만들어지고 이와 관련해 1930년 박승구 학생이

퇴학을 당하는 사건이 일어나기도 했다. 그리고 1940년대 전시 체제로 접어들자 학생들은 수업이 아니라 농장의 노역을 하는 경우가 많아져 학교 자체가 옛 명성과 다른 모습으로 바뀌게 되었다. 또한 이러한 분위기 속에서 학교가 한국인 학생과 일본인 학생을 차별하는 일이 빈번하게 일어나 이리농림학교는 농장주를 위한 학교에서 민족운동의 근거지로 변해 갔다. 1945년 광복 직전에는 익산역 폭파 등을 계획하던 화랑회 사건이 일어나 여러 명이 검거되기도 했으며 광복 직전인 1945년 7월 17일, 이상운 열사가 옥사하기도 했으니 이제는 그 전통이 사람들 입에 오르게 되었다.

이처럼 이리농림학교는 1930년대 이후 그 모습이 달라졌지만, 설립 초기만 하더라도 이리에 들어선 하나의 학교 범주를 넘어서며 익산의 정체

이리농림학교 축산과 교사

성에 영향을 끼친 존재였다. 농장-농업 기술-인력 수급으로 이어지는 순환고리의 한 부분을 담당했다는 점에서 일제강점기에 급격한 변화를 보인 익산의 모습을 이해하는 데 중요한 요소라고 할 수 있다.

광복 후 이리농림학교는 농림중학교, 농림고등학교를 거쳐 1991년에 이리농공전문대학, 그리고 1998년에는 국립익산대학이 되었으며 이후 전북대학교와 통합하여 지금에 이르고 있다. 그래서 전북대학교 익산 특성화캠퍼스로 가면 이리농림학교의 흔적을 찾을 수 있다. 이리농림학교 본관 건물은 1960년대에 지은 것이지만 일제강점기인 1932년에 지은 다른 건물이 남아 있다. 이 건물은 당시에 축산과 건물로 썼다고 하는데 그 규모가 400제곱미터에 이른다. 국가등록문화재로 지정되기 직전에 찍은 사진을 보면 지붕에 돌출된 굴뚝도 있었지만 지금은 밋밋한 모습으로 바뀌었다. 1층 건물이지만 천장이 높고 창문에 새긴 장식도 화려한 편이다. 이는 당시 공립학교의 일반적인 건축 양식이라고 한다.

3) 익산역 일대에 남아 있는 침탈의 역사

익산역은 현재 KTX가 지나는 최신 시설을 갖춘 역이다. 예전에는 이리역이었다가 지역통합으로 이리시가 익산군과 통합되면서 지금의 이름을 갖게 되었다. 익산역의 새로움과 달리 역 건너편에는 예전 모습이 많이 남아 있다. 최근 재개발을 통해 건물을 신축하는 공간도 있어서 어수선한 편인데 도로를 포함해 시가지 정비가 된다면, 약간의 내용 보강을 통해 새로운 근대 역사의 현장을 살펴볼 수 있는 공간이 될 것 같다.

이 지역은 크게 두 개의 단위로 나누어 살펴볼 수 있다. 일제강점기 이리였던 시절 중심 가로(당시 영정통으로 불렸던 길)에 놓여 있던 두 개의 건물, '익산근대역사관'과 '익산왕도미래유산센터'를 살펴본 뒤, 주단 거리(한복 거리)를 지나 '4·4만세기념공원(3·1독립운동 4·4만세기념공원)' 근처에서 일제강점기 역사의 흔적을 살펴보는 방법이다.

본격적인 내용을 보기 전에 먼저 익산역부터 살펴보면 좋을 것 같다. 익산역이 이리역이던 시절, 전라도 철도에서 어떤 위치에 있었는지 알아보는 것으로 익산의 당시 상황을 짐작하는 데 참고가 된다.

1914년 호남선(대전-목포)이 놓일 때 전주가 아닌 익산, 곧 이리를 지났다는 것은 앞에서 살펴본 바 있다. 이와 함께 호남선의 여러 역 가운데 익산역이 중요한 곳이었음을 짐작할 수 있는 것이 호남선 지선의 노선이다. 호남선 지선 노선은 이리-군산이다. 따라서 익산역은 군산과 목포를 연결하는 고리가 되는 것이니 호남선이 어떤 목표를 가지고 부설된 철도인지 가늠할 수 있다.

경부선과 경의선, 경원선이 군사적, 정치적 목적이 중요하게 반영되었

익산역 전경

다면 호남선은 경제적 목적, 그러니까 쌀을 항구로 수송하는 것과 개항장과 내륙을 연결하는 것이 우선이었음을 짐작하게 한다. 그런 모습은 호남선이 경부선과 연결되는 대전역에서 서울 방향이 아닌 또 다른 개항장, 부산 방향으로 연결된 것에서도 확인할 수 있다.

이처럼 익산역(당시의 이리역)은 호남선의 주요 거점일 뿐 아니라, 1937년 전 구간이 완성된 전라선 역시 익산에서 출발해 순천, 여수로 이어졌다. 호남선과 전라선이 X자 모양으로 교차하며 전라도 일대를 연결하는데 그 교차점에 익산이 있는 것이다. 철도를 놓고 보면 당시 익산이 어떤 역할을 하는 도시였는지, 또 전라도 내에서 중요도가 어떠했는지 짐작할 수 있다. 1977년 11월 11일에 일어난 비극이었던 이리역 폭발사고(59명이 사망하고 1,400여 명이 중경상을 입은 폭발사고. 화약을 싣고 가고 열차에 실수로 불이 붙어 일어난 사고)로 파손된 이리역은 1978년에 신축되었다. 최근 익산역은 예전 이리역만 못하다는 느낌이 드는데 아마도 교통의 중심이 철도에서 고속도로로 바뀌고 있기 때문인 듯하다. 그럼에도 익산역은 여전히 호남선과 전라선, 장항선이 통과하는 중요한 기차역이다.

이제, 본격적으로 일제강점기의 흔적을 찾아보자. 이를 위해서는 익산역 앞 큰 도로를 건너 상가가 밀집된 곳으로 가면 된다. 번화하지만 고풍스러운 길을 조금 걷다 보면 눈에 띄는 건물이 있다. 바로 '익산근대역사관'으로 쓰고 있는 옛 삼산의원 건물이다. 영정통(榮町通, 일본어로 '사카에마치도리')으로 불렸던 당시 번화가에 있는 아치 창문의 고색창연한 벽돌 건물로 중앙의 화려한 장식 등으로 당시에도 눈에 띄었을 것으로 보인다. 광복 이후 은행 건물로 사용되기도 했는데 최근에 국가등록문화재로 지정한 뒤 익산의 역사를 살필 수 있는 근대역사관으로 사용하고 있다.

익산근대역사관

　삼산의원의 '삼산'은 이 병원의 원장이던 김병수 선생의 호다. 김병수 선생은 한강 이남 최초의 3·1운동을 벌인 군산 3·5만세운동의 핵심 인물로, 서울에서 이갑성 선생에게 받은 독립선언서를 군산 영명학교에 전달하며 영명학교와 멜볼딘여학교가 중심이 되어 군산 만세운동을 촉발시켰다.

　당시 세브란스 의전 학생이던 김병수 선생은 이후 여러 곳에서 의사 생활을 하다가 1922년 익산에서 개원했는데 그 병원이 바로 삼산의원이다. 익산은 일본의 침탈과 그 영향을 살펴볼 도시인데 감사하게도 삼산의원은 그 영향에서 일정한 거리를 두고 있다. 독립운동가의 보금자리에서 익산 지역의 일제 침탈의 역사를 함께 살펴볼 수 있게 된 것이다.

익산근대역사관 1층 내부 전경

익산근대역사관 2층 전시관 전경

익산근대역사관 창으로 바라본 옛 이리 중심지

지금 익산근대역사관은 1층과 2층 모두 전시관으로 쓰이고 있다. 이 가운데 일제강점기 이리의 모습과 독립운동에 대한 내용은 1층 전시관에서 확인할 수 있다. 2층에서는 영상을 통해 역사를 살필 수 있는데, 그것과 함께 오래된 창문을 통해 당시 모습을 상상해 보는 것도 좋을 것 같다. 마침 익산근대역사관 건너에는 일본식 건물이 있어서 당시 모습을 느끼는 데 도움이 된다. 익산근대역사관 전시실에서 조금 더 자세히 살펴보아야 할 부분은 바로 일제강점기 수리조합과 그들이 만든 관개시설, 곧 저수지와 댐에 대한 내용이다. 이 부분은 다음에 살펴볼 익산왕도미래유산센터 건물과도 관계가 있다.

가까운 거리에 있는 익산왕도미래유산센터는 길에서 조금 안쪽으로 들어가 있어서 지나치기 쉽다. 그러나 조금만 관심을 가지면 근대의 흔적이 물씬 느껴지는 이 붉은 벽돌 건물을 쉽게 찾을 수 있다. 지금은 익산

익산 익옥수리조합 전경(현 익산왕도미래유산센터)

지역의 문화유산 관련 업무를 보는 사무실로 사용하고 있는데 원래는 옛 '익옥수리조합' 건물이었다. 익옥수리조합은 1920년에 등장한 수리조합인데 이 중심에는 후지이 간타로(藤井寬太郞)가 있다.

1906년, 후쿠오카현 출신인 다나카 도미지로(田中富次郞)가 일본인으로는 처음 익산에 도착했다. 다나카는 익산에 농장을 설립할 목적으로 왔다. 하지만 이 시기 익산 일대 농토는 아직 수리 시설이 필요한 미간지(未墾地)가 많았다. 안정적인 농장 경영을 위해서는 수리 시설 개발이 필요했는데 이 일이 본격적으로 진행된 것은 이른바 '수리왕(水利王)'으로 불렸던 후지이 간타로가 나타나서면서부터다. 후지이는 이미 황등제 개발을 통해 명성을 날리고 있었는데 임익수리조합의 핵심 인물이었다.

익산 일대에는 많은 일본인 농장이 생기고 있었고, 이들 농장주는 수리조합의 활동에 기대하는 바가 컸다. 그런 과정에서 조금 더 큰 수리 시설의 확충을 목표로 수리조합 통합이 이뤄졌는데 임익남부수리조합과 임익수리조합을 통합한 것이 익옥수리조합이다. 익옥수리조합원이 소유하던 토지가 1만 정보(3,000만 평)에 다다를 정도로 거대한 규모였다. 이렇게 설립된 익옥수리조합은 본격적으로 수리 시설 건설에 들어갔다. 1923년 대아 저수지를 만들어 만경강을 통해 익산과 김제, 군산까지 물을 대는 '대간선 수로'를 계획하고 실천에 옮긴 것이다. 당시 사진을 보면 대아 저수지는 일종의 산업 시찰 코스처럼 학생들이 방문할 정도로 거대한 위용을 자랑하고 있다. 그리고 1938년 만경강의 흐름을 직선으로 만드는 직강 공사를 하며 제방을 쌓은 것도 익옥수리조합이었다.

옛 대아 저수지 전경. 대아 저수지 완공 후 관람하는 이리농림학교 학생들의 모습이 담겨 있다.

출처: 이리농림기념관

당연한 일이지만 이러한 수리 시설 건설에 따른 혜택은 농장주에게 돌아갔다. 수리 시설이 생겨나며 이제까지 미간지로 남아 있던 지역은 개간을 통해 새롭게 농경지가 되었으니 농장주로서는 다시 넓은 토지를 확보하게 되었다. 다만 수리조합에 물세 격으로 내는 조합비의 부담은 만만치 않았는데 그 부분은 소작농에게 전가되었고 이로 인해 소작농이었던 한국인에게는 혜택보다 손해가 많아졌다.

또한 수리조합의 혜택이 닿지 않는 곳은 오히려 물길이 바뀌면서 농사짓기가 예전보다 어려워지기도 했으며 댐이나 저수지가 생기며 수몰되는 땅은 싼값에 수용되었다. 그런 점에서 일제강점기 침탈의 모습에서 수리조합이 가지는 위치는 크다. 그런 수리조합, 바로 임익수리조합 건물이 아직도 익산 시내에 남아 있는 것이다.

1930년에 지은 이 건물은 2층짜리 붉은 벽돌 건물로 당시에 흔히 볼 수 있는 사무용 건물의 모습이라고 한다. 1층의 한쪽을 튀어나오도록 지어서 단순함에서 벗어났는데, 높은 건물이 없던 시기 2층 건물로는 층고가 높은 편이어서 멀리에서도 쉽게 보였을 것 같다. 현관 상부, 2층 정면 출입구 부분, 창호 테두리는 꽃잎 무늬 장식을 넣어 단조로움을 피하려고 했다. 본 건물 옆에는 창고 건물도 남아 있어서 당시의 쓰임새가 궁금하다. 지금은 창고 건물을 열린 공간으로 활용하고 있어서 답사 온 사람들이 차를 마시며 쉬거나, 또는 익산과 관련된 자료를 살펴볼 수 있도록 꾸며져 있어서 잠시 쉬어 갈 만한다.

익산 익옥수리조합 창고

익옥수리조합 창고 건물 내부 전경

4) 익산 솜리 근대역사문화공간

솜리 근대역사문화공간 거리 전경

　다음 살펴볼 장소는 그곳으로 이르는 길을 걷는 것만으로 흥미롭다. 근대의 분위기가 물씬 풍기는 익산에서 잘 나가는 주단 거리다. 가게마다 걸려 있는 맵시를 자랑하는 한복을 구경하다 보면 어느새 4·4만세기념공원, 곧 남부시장 입구에 도착하게 된다. 몇 곳의 유적이 이 일대에 흩어져 있는데 그중에서 먼저 4·4만세기념공원을 살펴보자. 날짜를 가리키는 숫자에서 짐작할 수 있듯이 1919년 4월 4일 이 지역에서 일어난 만세운동을 기념하기 위한 공간이다. 중심에는 문용기 선생의 동상과 그 내력을 적은 순국열사비가 있다.
　익산(이리를 포함하는) 지역은 1919년 4월 4일, 대규모 시위가 있기 전에 이미 곳곳에서 만세운동이 펼쳐졌다. 대표적으로 천도교 이리 교구장이었던 이중열 선생이 독립선언서를 배포하며 황등, 금마 등지에서 천도교인, 개신교인과 만세운동을 벌였다가 헌병에게 체포되기도 했다. 그러던 중 문용기 선생의 지휘로 남부시장 장날인 4월 4일, 다시 익산을 뒤흔든 만세운동이 펼쳐진 것이다. 남전교회, 도남학교 학생들을 중심으로 3백여 명으로 시작한 시위대는 시간이 지나며 그 숫자가 점점 불어나 1천여 명에 이르렀다. 일제는 헌병뿐 아니라 일본인 농장 관리인, 소방관 등을 동원해 시위대를 진압했는데 이 과정에서 칼은 물론 갈고리까지 쓰면서 많은 희생자가 나왔다. 결국 문용기 선생을 포함하여 6명이 순국하였으며 20여 명이 다쳤고 39명이 체포되는 불상사가 일어났다. 이때 문용기 선생은 양팔이 잘리는 고통을 겪으면서도 "시민 여러분! 나는 죽어서도 우리 대한의 독립과 신정부의 건설을 위해 온몸을 바쳐 기도하겠소. 여러분이,

3·1독립운동 4·4만세기념공원

대한민국의 신국민이 되도록 죽어서도 이 땅을 지키겠소"라고 외치며 독립운동에 동참할 것을 호소했다.

이러한 내력을 적은 순국열사비가 문용기 선생 동상 옆에 서 있는데 개인적으로 친분이 있던 이승만 대통령이 글씨를 썼다. 비석 아랫부분이 훼손되었는데 4·19혁명 당시 흔적이라고 한다.

그렇다면 여기에 만세운동을 기념하는 공간이 마련된 배경은 무엇일까. 지금 일제 침탈의 현장을 찾아 답사하고 있는 중이라는 점에서 독립운동의 역사 공간이 어색한 것은 아니지만 그 내력이 궁금해진다. 무엇보다 이제까지 익산의 일본인 농장, 혹은 수리조합과 관련된 역사를 찾아왔다는 점에서 약간 다른 맥락의 공간처럼 느껴진다.

오하시농장 사택

그 내력을 이제부터 살펴보자. 먼저 이 일대에서 익산의 침탈 역사를 보여 주는 역사 유적의 모습과 위치를 확인하고 싶다면 만세공원 앞 작은 안내판을 확인하면 된다. 다만 10여 점의 등록문화재 가운데 광복 이후 건물들이 다수이며 그중 세 곳이 일제강점기와 관련이 있다. 이러한 방식으로 첫 번째로 찾아가는 곳은 바로 안내판 뒤에 있는 옛 오하시 요이치 농장 사택 건물이다. 일본 사람 이름인 오하시는 한자로 '대교(大橋)'라고 적기 때문에 '대교농장 사택'으로 부르기도 한다.

당시 오하시 요이치는 익산에서 유명했던 모양이다. 익산에 농장들이 생겨날 때 '이리의 오하시인가, 오하시의 이리인가'란 말이 돌 정도였다고 한다. 오하시도 익산에 농장을 갖고 있었는데 그는 오산리와 황등의 '후지이농장', 대장촌(춘포)의 '호소카와농장', 이리읍의 동척 지점과 더불어 익산의 대표적인 지주였다. 특히 익산 중심부에 농장을 갖고 있다는 점에서 익산의 한국인에게 원한의 대상이 되었는데, 1919년 4월 4일, 문용기 선생이 이끄는 시위대의 목표가 바로 오하시농장이었다.

그런 점에서 오하시농장은 농사를 짓는 단순한 농장이나 회사의 수준을 넘어 '수탈의 상징이며 식민지 권력을 대표하는 기관'이었던 것이다. 실제로 이것이 만세운동 진압 과정에서 농장 관리인들이 달려들었던 이유이기도 하다. 이것이 당시 시위대가 목표로 삼았던 곳, 즉 오하시농장의 중심부에 광복이 되고 나서 문용기 선생을 기리는 만세기념공원이 자리를 잡은 이유다. 침탈의 역사를 기억하고, 또 극복하는 방법을 여기에서 확인할 수 있다.

이런 내력을 알고 다시 고개를 들어 보면 이제는 낡고 왜소해진 오하시농장 사택이 보인다. 100여 년 전, 시위가 일어났을 때만 하더라도 익

오하시농장 사무실

오하시농장 창고

산의 일본인들은 이 건물에 기대어 기세를 높였지만, 한편으로 마음 한구석에서 그동안 생각하지 못했던 한국인의 땅에 얹혀산다는 생각을 조금이라도 하게 된 시간이 아니었을까.

오하시농장의 흔적은 사택 건물 외에도 더 남아 있다. 국가등록문화재로 지정된 오하시농장의 사무실 건물도 그곳 가운데 하나다. 익산 화교학교 건물 뒤에 있는 낡은 '일본식 가옥'으로 한때 화교협회 창고로 썼다고 하는데 최근 수리를 한 것처럼 보인다. 다만 안내판이 화교학교 건물 앞에 있어 이 건물로 오해하기 쉬운 점이 있으니 잘 살펴볼 필요가 있다.

화교학교 옆으로 길게 늘어선 건물 역시 오하시농장과 관련이 있다. 원래 쓰임새가 창고라고도 하고, 당시 농장에서 일하던 사람들의 숙소라고도 한다. 지금도 사람이 살고 있어서 자세하게 살펴볼 수는 없지만, 대략의 모습으로 보아 당시에 숙소 건물이었을 것으로 보인다. 한쪽은 최근에 올린 지붕으로 새로운 모습이지만 다른 한쪽에는 여전히 일본식 기와로 덮은 지붕이 있다. 100여 년 전 침탈의 모습은 희미하지만 이렇게 이리, 익산에 남아 있다.

5) 익산 외곽에서 만난 침탈의 역사

일제강점기 익산이 번성하던 시절, 그 중심에는 일본인 농장주가 있었다. 이리에는 여러 개의 농장이 들어섰는데 앞에서 살펴본 오하시농장을 비롯해 불이농장, 타키농장, 미에농장, 이타다농장, 나가타농장 등이 들어섰으니 이들 농장의 규모는 작게는 100정보(30만 평), 크게는 3,000정보

(900만 평)에 이르렀다. 이와 같은 규모는 광복 이후 토지개혁을 거치면서 한국인 농부가 소유하던 토지(대략 2천~3천 평)로 볼 때 쉽게 상상할 수 없는 규모다. 그런 농장의 흔적을 시내가 아닌 외곽에서도 찾을 수 있는데 그 중 하나가 춘포면에 남아 있는 호소카와농장의 사택이다.

지금은 개인이 소유하고 있어서 비공개이지만 겉으로 볼 때 보존 상태도 좋고 지금도 쓰이고 있는 것으로 보인다. 이 건물은 당시 농장주가 아닌 농장 관리를 하던 마름이 살았다고 한다. 호소카와농장의 농장주는 전 일본 총리 호소카와 모리히로(細川護熙)의 아버지인 호소카와 모리사다(細川護貞)이다. 호소카와 전 총리는 1993년, 일본 연립내각의 총리로 선출되면서 1955년 이후 첫 자민당 출신이 아닌 총리라는 면에서 한국에서도 참신한 이미지를 가진 정치인으로 알려진 인물이다. 하지만 그의 집안 역시 일제강점기 한국에 농장을 가지고 있었다는 사실을 알고 나면 그런

호소카와농장 사택

현재의 평가를 편하게 받아들일 수 없다. 사실 그의 외할아버지인 고노에 후미마로(近衛文麿)는 A급 전범으로 재판을 받던 중 자살한 인물이기도 하다.

춘포면에 호소카와농장의 흔적이 남아 있다면 오산면에는 불이농장(不二農場)의 흔적이 남아 있다. 오산면은 군산과 익산의 길목에 있는 마을로 예전에는 오산역이 있던 곳이기도 하니 지금보다는 번화한 곳이었다. 불이농장, 곧 불이흥업은 익옥수리조합을 만들고 조합장으로 있던 후지이 간타로의 농장이다. 오산면 일대의 토지는 대부분, 불이농장 소유였으며 군산, 부안 등의 토지를 합하면 모두 2,000정보(600만 평)가 넘었다.

하지만 화호리와 달리 이곳은 옛 모습이 거의 남아 있지 않아 그 흔적

오산면 불이농장 유적

을 찾기가 쉽지 않다. 이미 불이농장의 사택 자리에는 경로당이 들어서 그 흔적이 사라졌다. 다만, 그 아래에 일본식 건물 몇 채가 남아 있어 여기에 일본인 농장이 있었음을 짐작할 수 있다. 이 집은 폐허처럼 변해 그냥 지나치기 쉽다. 그런데 1970년대까지만 하더라도 이와 같은 건물이 줄지어 늘어섰다고 하니 지금과는 분위기가 많이 달랐을 것 같다. 비록 낡기는 했어도 유리문을 둔 복도나 내부에 화장실을 둔 모습은 당시에 공들여 지은 건물임을 짐작할 수 있다. 하지만 이 건물을 마을 안에서 찾는 일도 쉽지 않거니와 이 집이 어떤 의미를 지니는지 확인할 방법이 없다는 점에서 아쉬움이 크다.

4
군산, 전라북도의 중심이 되다

1) 군산부, 새롭게 등장한 도시

 군산은 일제강점기에 전라북도의 대표 도시로 발모했다. 비교적 짧은 시기에 큰 발전을 보인 신흥 도시인 셈이다. 군산이 전라북도를 대표하는 도시로 발전하게 된 계기는 널리 알려진 것처럼 1899년, 7번째 개항장이 되면서다. 실제로 지금 군산의 원도심이라고 부르는 곳은 이제까지 전통적 도시에서 볼 수 있는 모습과 다르다.

 우리나라에서 오래된 고을, 그리고 그 지역의 중심이 되는 고을의 경우 성곽에 둘러싸여 있는 경우가 대부분이다. 이른바 성곽 도시라고 할 수 있다. 그래서 그런 동네로 답사를 다니다 보면 지금은 성곽이 없어졌다고 하더라도 '남문 거리'니 혹은 '성내'니 하는 성곽, 또는 성문과 관련된 지명이 남아 있다.

 그런데 군산(내항 일대 개항장)은 그런 지명도 볼 수 없거니와 동서축, 혹은 남북축과 같은 일정한 축을 살필 수 없고 바둑판 모양의 격자로 된 필지에 건물이 빼곡하게 들어서 있는 것을 보게 된다. 그러므로 군산은 우리나라의 전통 고을과 다른 발전 궤도를 따르고 있음을 짐작할 수 있다. 곧 근대의 도시인 셈이다. 그리고 하나 더, 1899년에 개항이 되었다고 하지만 1906년 이후, 통감부가 실질적인 행정권을 운영했던 걸 생각하면 초기 몇 년을 제외하고 일제의 입김이 닿았다는 점도 고려해야 할 것 같다.

옛 조선은행 군산지점 전경

1899년 군산 개항은 1898년의 정부 회의에서 결정된 것이다. 군산의 개항을 반대하는 목소리도 있었지만, 서구의 근대 문물을 받아들이는 곳으로 발전시키길 바라는 부분도 있어서 개항 쪽으로 기울었다. 그러나 군산 개항의 이익은 군산 몫, 더 나아가 대한제국의 몫이 아니었다. 군산을 통해 들어온 외국인, 그중에서도 일본인들은 군산을 자신들의 목적에 맞게 건설해 갔다. 프랑스인 세무사 에르네스트 라포르트의 제안으로 축항 공사가 시작되었다고 하지만 그 배후에는 일본인들이 있었다. 재정도 부족한 대한제국은 거금 86,000원을 들여 항구를 만들고 세관 건물까지 지어야 했다.

이렇게 기반 시설이 갖춰지자 군산은 조계지로서, 외국인 거주지로서 역할을 하게 되었다. 개항한 군산에 일본은 영사분관을 설치하고 군산 영사경찰의 순사가 머물면서 일본의 거점 도시가 되었다. 군산의 일본인 순사는 전라북도 일대의 일본인을 관리(보호)하는 역할까지 했다. 을사늑약에 의해 1906년 통감부가 설치되자 군산의 영사관은 군산 이사청이 되었다. 말 그대로 외교 업무 이상의 행정 업무를 담당할 관청으로 바뀐 것이니 일본의 입김은 한층 더 세졌다. 이때까지 일본인이 담당했던 행정 업무는 일본인 관련 업무로만 한정된 것이긴 했다.

그런데 1907년, 제3차 한일협약에 따라 일본인도 한국 관리로 등용할 수 있게 되었다. 이렇게 되자 이사청과 이사청 지청의 일본인 부이사관은 각 도의 서기관이 되어 한국의 지방 행정을 담당하게 되었다. 이제 이사청은 한국의 행정기관을 능가하는 권한을 갖게 되었는데 전라북도의 이사청이 바로 군산에 있었다. 전통적인 전라북도의 행정 질서가 전혀 다른 방식으로 변한 것이다. 이러한 경향은 시간이 지날수록 더해져 1910년, 국권피탈과 함께 군산은 군산부가 되었으며 1914년, 그 군산부는 조금 더 특별한 지위를 가리키는 이름이 되었다.

1914년에 조선총독부는 행정구역 개편안을 제정해 대대적인 기존 행정구역 통폐합을 시행, 식민지 조선의 행정구역을 13도(道) 12부(府) 220군(郡) 2,522면(面)으로 정리했다. 종래 332개의 군이 220개로 줄어들었으며 여타 행정구역도 통폐합되었는데, 이로 인해 두 개 이상 고을을 합친 이름이 생기는 경우가 많았다(예를 들어 서울의 인사동은 관인방과 대사동에서 '인'과 '사'를 따서 붙인 이름, 경기도 부천의 경우 부평과 인천의 '부'와 '천'을 따서 붙인 이름이다). 또 한글로 부르던 지명을 아예 새로운 한자 이름으로 바꾸기도 했다.

군산 장미동의 일본식 건물

이런 가운데 각 도의 중심에 해당하는 도시를 지정했으니 바로 12부(군산부, 경성부, 인천부, 목포부, 대구부, 마산부, 부산부, 평양부, 진남포부, 신의주부, 원산부, 청진부)인데 그 가운데 하나가 군산이었다. 그러므로 이 시기에 이르러 군산은 명실상부한 전라북도의 중심이 된 것이다.

더 나아가 군산은 기존의 중심지였던 전주와 연결하는 도로(전군가도)를 통해 영향력을 확장했고 이리를 통해 호남선으로 연결되었다. 또한 익산을 지정면으로 삼아 군산의 배후 도시 역할을 할 수 있도록 했다. 일제가 이렇게 군산을 중요하게 여긴 이유는 군산이 쌀을 중심으로 한 곡물의 수출항 역할을 했기 때문이다. 이런 면에서 군산이 인천과 비슷해 보이지만 인적 교류의 측면을 놓고 보면 경인선을 통해 서울과 연결된 인천과는 규모 면에서 차이가 난다.

이처럼 군산은 개항을 통해 중심 도시로 부상하였지만, 군산의 개항기 이전 역사를 소홀히 할 수 없으니 잠시 그 내용을 살펴보자.

2) 군산, 그리고 고군산

군산 조계지 일대를 살피기 위해 시작할 수 있는 곳은 두 곳이다. 둘 다 내항을 끼고 있는데 옛 조선은행 군산지점이거나 반대편에 있는 옛 군산세관이다. 어느 지역에서 시작하더라도 조계지 일대, 곧 1900년대 초 새롭게 조성된 시가지를 둘러보는 여정을 구성할 수 있다. 그런데 처음 현장을 살피기 전에 내항 앞에 서면 '군산(群山)'이라는 지명에 대해 궁금증이 생긴다. 서해를 끼고 있는 항구라는 점에서 산이 많은 것 같지는 않은데, 어떻게 군산이란 이름이 생겼을까.

사실 군산의 옛 이름은 '진포(鎭浦)'다. 내항에 진포해양테마공원이 있고 군산 곳곳에 진포란 이름이 남아 있다. 진포초등학교, 진포중학교가 거기에 해당한다. 그런 진포 시절에 큰 사건이 일어난 적이 있다. 1380년, 고려 우왕 때 일이다. 왜구라고 하기에는 그 규모가 엄청난, 1만여 명이 500여 척의 배에 나눠 타고 진포에 침입해 쌀 운반선을 약탈하고 민가에 불을 지르며 갖은 만행을 저질렀다. 진포를 목표로 삼아 왜구가 쳐들어온 이유는 진포 근처 임피에 진성창이란 조창(漕倉)이 있었으며 군산창도 대표적인 조창이었기 때문이다.

하지만 1350년경부터 왜구 때문에 골머리를 앓던 고려는 이때 나세(羅世), 심덕부(沈德符), 최무선(崔茂宣)에게 새로 개조한 병선 100여 척과 함께 화약무기를 실려 보내 이들을 토벌하도록 했다. 당시 고려는 왜구 격퇴를 위해 최무선의 건의에 따라 '화통도감'을 설치해 화통, 화포를 제작했다. 고려군이 진포에 도착했을 때 왜구는 파도를 피하고 움직임이 편하도록 배를 서로 밧줄로 묶어 연결해 놓았다. 이를 발견한 고려의 수군은 왜구의 배에 화전과 화통, 화포를 발사해 대부분의 배를 불태우는 성과를 거두었다. 왜구의 침탈이 이어진 지 30여 년 만에 거둔 대승이었다. 이 전투가 바로 군산 앞바다에서 펼쳐진 진포대첩이다. 세계 최초로 화포를 이용한 해전이라는 점에서 역사 속에 기억될 만한 사건이다.

그런데 배가 불에 타며 퇴로가 막힌 상당수의 왜구가 육지로 스며들어 살인과 노략질을 일삼으며 더 큰 문제가 되었다. 고려 조정은 다시 원수 박수경(朴修敬), 배언(裵彦)을 보내 토벌하고자 했지만 왜군의 강력한 저항에 막히며 오히려 장군과 함께 500여 명이 전사하는 패배를 맞았다. 이에 고려 조정에서는 다시 이성계를 대장으로 삼아 토벌대를 파견했다. 이성계는 왜구를 운봉 근처에서 격전 끝에 토벌하여 70여 명만이 지리산으로 도망갔고, 이내 이들도 섬멸하는 대승을 거두었다. 이 전투는 이성계의 이름을 고려 전체에 알리는 사건이 되었으니 바로 황산대첩이다.

이처럼 진포였던 시절 군산에서 큰 사건이 일어났지만 사실, 이때 '군산'이 따로 있었으니 바로 선유도 일대의 여러 섬이다. 지금 16개의 유인도와 수십 개의 무인도로 이루어진 선유도 일대는 멀리 바다에서 배를 타고 보면 산이 무리를 지어 있는 모습이라 '군산(群山)'이라 불렀다. 특히 그 중심에 있던 선유도에는 당시 군진을 설치했으니 군산진(群山鎭)이 된다.

조선이 건국하며 왜구의 피해가 줄어들고 해양 방어보다는 육지와 금강의 수운로를 지키는 것으로 국방정책이 바뀌면서, 세종 때 섬에 설치된 군산진을 육지인 진포로 옮겨 왔다. 그러면서 진포는 이름까지 군산으로 바뀌었다. 대신 원래 군산진이 있던 곳은 옛 군산이라는 뜻으로 고군산(古群山)이라 부르게 되었다. 그래서 선유도를 포함하는 군산 앞바다의 여러 섬을 고군산군도, 또는 고군산열도라고 부른다.

3) 농장과 금고

군산의 일제 침탈 역사를 살피는 것은 임피역이나 혹은 시마타니 금고에서 시작한다. 그런데 시마타니 금고라고 하면 그것이 동산(動産) 유물인지, 부동산(不動産) 형태의 유물인지 궁금해 하는 경우가 있다.

발산리 5층 석탑

그렇다면 시마타니 금고에 대해 알아보자. 시마타니 금고를 찾아가는 길은 먼저 발산초등학교를 찾아가거나 혹은 보물로 지정된 2개의 유물, 즉 고려 시대 것으로 추정되는 훤칠한 느낌의 발산리 5층 석탑(보물 제276호)과 용무늬가 화려하게 조각된 발산리 석등(보물 제234호)을 찾아가면 된다. 이 두 개의 유물을 포함한 여러 개의 문화재는 지금 찾아가는 금고의 주인이었던 시마타니 야소야(島谷八十八)가 '수집'한 우리나라의 문화재다. 지금은 이 문화재들을 소재지의 지명을 따서 발산리 석탑과 석등으로 부르지만 원래 이 문화재가 있던 곳은 완주군 고삼면의 봉림사 터다. 시마타니 야소야는 완주에서 여기까지 이 무거운 유물을 옮겨 와 자신의 정원을 꾸미려고 했다고 한다.

그런 시마타니의 유물이 하나 더 있으니 발산초등학교 교사 뒤에 콘크리트로 지은 3층 규모의 창고처럼 보이는 건물이다. 바로 시마타니 금고다. 시마타니는 이 지역에서 농장을 하던 인물로 군산에서도 손꼽히는 부자였다.

야마구치현 사람이던 시마타니는 원래 술을 제조하던 사람이었는데 일본 술의 원료가 되는 저렴한 쌀을 찾아 군산에 왔다가 눌러앉아서 농장을 경영하게 되었다. 1907년, 시마타니의 초기 자본금이 약 70,000원이었는데 1909년에 이르러 무려 486정보(약 150만 평)의 토지를 소유하게 되었다고 한다. 금고가 있는 초등학교 일대가 그의 농장 시설이 있던 곳이다. 지금 초등학교 운동장은 쌀 건조장 자리였으며 학교 건물과 강당 자리는 창고가 있던 곳이다. 동쪽 담장 옆으로는 그의 농장에 딸린 정미소가 있었다고 하니 여러모로 볼 때 지금 살펴볼 건물은 창고보다는 금고라고 부르는 것이 적당해 보인다.

발산리 5층 석탑이 있는 발산초등학교 교사 뒤편의 정원

시마타니 금고

금고는 반지하를 포함하는 1층과 지상 2, 3층으로 된 콘크리트 건물로, 내부는 나무로 마루를 깔아 층을 구분하도록 했다. 외부로 통하는 창문에는 쇠로 만든 창살과 철문을 만들어 2중 보안장치를 만들었다. 무엇보다 눈에 띄는 부분은 창고로 들어가는 문에 금고 문을 설치한 점이다. 미국 제품이라는 점이 뚜렷하게 표시되어 있어 태평양전쟁 이전에 제작했음을 알 수 있다.

금고의 반지하 1층에는 음식과 옷감류가 있었으며 2층에는 중요 서류와 현금, 그리고 3층에는 여러 곳에서 수집한 문화재를 보관했다고 한다. 광복 이후, 미군정청이 트럭을 보내 내부에 있던 문화재를 국립중앙박물관으로 실어 날랐다고 한다. 그런 점에서 시마타니 금고는 농장의 부를

시마타니 금고의 철문

축적한 모습을 보여 주는 곳인 동시에 우리 문화재 약탈의 흔적이기도 하다.

흥미로운 부분도 있는데, 시마타니 야소야는 군산의 '마지막 농장주'란 별명을 가지고 있다. 그는 일본의 패망 이후 본국으로 돌아가는 여느 일본인과 달리 어떤 대가를 치르더라도 한국에서 살고자 했다. 식민지에서 적국으로 상황이 달라졌는데도 그는 한국에 머물고 싶어했던 것이다. 어떤 면에서 재산에 대한 집착이 강했다고 볼 수도 있는데, 한편으로는 일본보다 한국이 익숙한 곳이 되어 버렸다고도 생각해 볼 수 있다. 한국을 오가며 관리하던 농장주가 아니라 한국에 살던 농장주로서 거의 40년에 이르는 한국 생활은 그가 이민자이며 식민지의 지배자란 생각을 잊게 만든 것은 아닐까. 그만큼 식민지 침탈의 기간은 길었으며 그것이 침탈인지도 모르는 지경이 된 것이다. 그러나 한국에 일본인이 머물 수 없다는 미군정의 정책으로 시마타니 부자는 빈손으로 일본으로 돌아갔다. 군산의 농장주 가운데 마지막으로.

시마타니 금고를 나오면 차로 5분 거리에 이영춘 가옥이 있다. 한국인의 이름으로 된 건물이 일제 침탈의 역사를 살피는 유적이라는 점에서 혹시 오해의 여지가 있을 수도 있지만 원래 이 건물은 이미 화호리에서 만난 전라북도 굴지의 농장주였던 구마모토 리헤이의 별장이다. 그의 본장, 곧 중심이 되는 농장이 바로 이곳에 있어서 여기에 별장을 지은 것이다. 구마모토의 농장은 군산을 포함하여 무려 5개 군에 걸쳐 있었는데 그 면적이 대략 1천만 평 정도였으니, 여기에 비하면 시마타니 야소야의 농장 규모가 왜소해 보일 정도다.

구마모토는 자신의 거대한 농장을 본장과 지장으로 나눈 뒤 각각에

이영춘 가옥

관리인을 두고 농장을 운영했으니 기업식 농장이라고 할 만하다. 그 농장에서 일하는 소작인은 모두 한국인이었는데 그 수가 무려 3천 세대가 넘고 가족을 포함한 인원은 2만 명에 이르렀다고 한다. 그러다 보니 소작농의 건강을 챙기는 것도 농장 운영에 중요한 요소가 되면서 농장 경영 차원으로 진료부를 따로 두었는데 일하는 직원만 49명에 이를 정도였다. 그 진료를 위해 농장 안에 자혜진료소를 두었는데 1935년부터 소장으로 부임했던 이가 바로 이영춘(李永春) 박사다. 광복 이후 이영춘 박사가 이 구마모토의 별장에 머물게 되면서 지금은 이영춘 가옥으로 부르게 된 것이다.

이영춘 박사는 1929년에 세브란스의전을 졸업한 뒤 의사로 개업하여 병원을 운영하던 중 1935년 경성제국대학 와타나베 교수의 추천으로 구마모토농장 자혜진료소 소장으로 부임했다. 이영춘 박사는 비록 일본 농장주에게 고용된 의사였지만 한국인 소작인들을 위해 헌신적인 노력을 하며 진료에 열정을 기울였다. 이영춘 박사는 아픈 사람이 있다면 무료 왕진을 자주 다닌 것으로 유명했다고 한다. 이러한 진료 과정에서 어린 이들의 건강에 관심을 가지며 우리나라 최초의 양호실이라고 할 수 있는 위생실을 1939년 개정초등학교에 설치한 이래 구마모토농장이 있던 대야와 화호의 학교에도 위생실을 지어 기증하고 양호교사를 채용했다. 이와 같은 이영춘 박사의 노력은 한국인에 국한된 것이 아니어서 일본인 아이들이 다니는 개정심상소학교에서는 급식을 실시하기도 했다.

이영춘 박사는 광복 이후 농촌위생연구소를 설립하여 결핵, 매독, 기생충 박멸을 위해 노력하는 한편 군산 개정병원을 중심으로 화호 중앙병원 등을 연결하여 지역 의료체계를 수립하기 위해 노력하였다. 지금 이영춘 가옥이 있는 곳에 간호대학 전신이 되는 개정고등위생기술원양성소도 설립했으니 한 사람의 의료에 대한 열정이 어떤 결과를 나타낼 수 있는지 살펴볼 수 있는 곳이다. 서울에서는 이영춘 박사가 널리 알려진 인물이 아니지만, 군산에서 이영춘 박사를 모르고는 답사를 할 수 없다.

이런 내력을 염두에 두고 다시 이영춘 가옥을 보자. 이 집의 설계자는 프랑스인으로 알려졌다. 일본식을 기본으로 하고 서양식이 가미되었으니 안방은 일본식, 그리고 거실과 주방은 서양식으로 꾸며 놓았고 벽난로를 설치하고 화려한 전등 장식을 들였다. 밖에서 보기에도 화려한 이 건물은 내부 공간 하나하나에 공을 들인 것을 보면 감탄하게 된다. 재력이 넉넉했던 구마모토가 심혈을 기울여 지었을 것이다.

이 공간은 일본에 있던 구마모토가 봄, 가을로 자신의 농장을 찾을 때

이영춘 가옥 실내

머물렀다고 한다. 광복 이후 이영춘 박사가 머물며 다다미방 대신 일부 공간에 온돌을 넣어 지금은 한식이 가미된 건물이 되었다. 세상이 바뀌며 집의 구조와 주인이 바뀌었듯 구마모토에 분노했다가 이영춘 박사에게 감사한 마음이 드는 그런 공간이다.

4) 임피역에서 만나는 식민지의 철도

군산시 임피면 술산리에 가면 아담한 기차역이 있다. 지금은 운영이 중단되어 몇몇 조각품과 함께 문화재가 되어 버린 역으로, 옛 기차역이 가진 낭만을 즐기기 위해 많은 관광객이 찾고 있다. 역을 배경으로 사진을 찍으며 심지어 화장실도 문화재가 되는 바람에 그것도 사진의 배경이 되곤 한다. 문화재로 지정된 이유는 그것이 아름답기도 하지만 오래되었다는 것에 방점이 찍혀 있다. 임피역은 1924년 호남선의 지선인 군산선(익산-군산, 24.7킬로미터, 1912년 개통)의 간이역으로 문을 열었다. 술산리에 있다고 해서 술산역으로도 불렀다고 한다. 지금의 역 건물은 1936년 보통역으로 승격될 때 지었다. 서양식 건물에 일본식을 가미한 건물인데 대나무에 석회를 채워 시멘트로 마감한 튼튼한 벽 덕분에 지금까지 남아 있다고 한다.

다른 나라라면 이런 오래된 기차역을 보면 화려한 근대의 시작을 떠올릴 것이다. 마차가 아닌 탈 것의 등장도 그렇지만 시간 맞춰 오는 기차는 시간 개념을 새롭게 만들어 준 문명의 상징이기 때문이다. 임피역 역시 하루 16번 기차가 멈추었으니 이전과 다른 새로운 시간 개념을 만들어 냈을 것이다. 그러나 우리나라의 기차, 그리고 전라북도의 기차를 마음 편히 볼 수 없다. 호남선도 그렇지만 그 지선인 군산선은 특히 군산항으로 쌀을 실어나르기 위한 수단임을 쉽게 짐작할 수 있기 때문이다. 군산 내항의 구조는 기본적으로 철도를 중심에 두고 있다. 1912년에 부설된 군산선은 1920년 군산역에서 다시 내항까지 연장되었다. 축항공사가 있을 때 내항 철도가 다시 증설되어 임항철도(臨港鐵道)가 된 것이다. 그때의 철길은 현재 조선은행 군산지점 건물 뒤의 철도체험 프

로그램을 운영하고 있고, 근대역사관 주차장 바닥에도 남아 있다. 그런데 일제강점기만 하더라도 철도를 사이에 두고 바다 쪽으로는 거대한 '상옥창고(임시로 물건을 쌓아 두는 부두의 창고)'가, 그리고 육지 쪽으로는 일반 창고 및 미곡 가공시설이 즐비하게 늘어서 있었다. 이러한 시설과 철로가 연결되어 일목요연한 하나의 선이 생긴다. 평야-철도-창고-항구-배로 이어지는 선을 통해 호남평야의 쌀이 실려 나갔다. 효율성을 최대한 살린 구성인데 그 효율성은 한국인의 삶을 더 강도 높게 압박해 들어갔다.

그런 점에서 철도 위에 서 있는 간이역을 바라보는 마음은 복잡하다.

임피역

임피역 화장실

임피역에서 바라본 철길

다만, 1945년에는 한국인의 삶에서 중요한 부분이 되어 군산으로 가는 통학생도, 익산으로 가는 직장인도, 새마을호를 타고 온 관광객들이 주로 이용하던 기차역으로도 기억해야 한다.

5) 옥구농민항쟁과 서수 이엽사농장

일제 침탈과 임피역 마당에 있는 '옥구농민항일항쟁비'는 관련된 역사다. 임피는 원래 옥구군에 속했지만 1995년 행정구역 개편에 따른 시군 통합과정에서 군산시와 옥구군이 통합하며 군산시에 속하게 되었다. 그래서 임피에서 일어난 농민항쟁을 당시 행정구역에 따라 옥구농민항쟁으로 부르고 있다.

옥구농민항쟁은 임피 바로 옆 서수에 있던 이엽사(二葉社)농장의 소작농

임피역 옥구농민항일항쟁 기념비

이 중심이 된 사건이다. 이엽사농장은 일본인 가와사키 도타로(川崎藤太郞)가 세운 곳으로 서수를 비롯해 삼례, 익산에 농장을 가지고 있었는데 전체 규모는 1,200정보(360만 평)에 이르렀다. 서수의 이엽사농장은 원래 가와사키농장을 인수한 것인데 이후 고율의 소작료를 부과하며 문제가 생겼다. 1927년, 서수 청년회를 중심으로 고율의 소작료를 낮춰 달라는 요구를 했는데 이를 거부한 농장 측과 소작농이 충돌하기 시작했다. 다른 농장의 경우 소작농들은 50% 안팎의 소작료를 부담했는데 여기에 각종 경비를 부담하며 근근이 생활할 정도였다. 그런데 서수 이엽사농장은 소작료를 75%까지 받고 있었다. 살인적인 소작료를 견디다 못한 소작농들은 서수 농민조합을 중심으로 소작료 인하 요청을 시작했고, 이때 장태성을 비롯한 농민조합 대표는 45%의 소작료를 요구했다. 그러나 농장 측은 이러한 요구를 거부하고 오히려 장태성에게 농장 지배인을 협박했다는 죄목을 씌워 체포하도록 했다.

이렇게 장태성이 체포되어 군산경찰서로 이송되기 전 임피주재소에 갇혔을 때, 동료 수백 명이 주재소 건물을 파괴하고 경찰을 구타한 뒤 장태성을 구해 냈다. 다른 곳에 잡혀 있던 또 다른 대표 역시 이런 방식으로 구출했다. 이처럼 소작쟁의가 격해지자 군산경찰서는 모든 병력을 동원해 진압하고자 했다. 하지만 격한 소작쟁의 열기를 누를 수 없었고 인근의 경찰서와 소방서에 지원 요청을 하고 나서야 소작쟁의를 해산시키고 중심 인물 80여 명을 체포할 수 있었다. 그리고 이들 가운데 51명이 소요 및 구금자 탈취의 죄목으로 재판에 넘겨지며 옥구농민항쟁은 실패로 돌아가게 되었다.

이러한 옥구농민항쟁은 당시 대규모 농장이 어떻게 운영되었으며 한국인 소작농이 어떤 처지에 있었는지 단적으로 보여 주는 사건이다. 더 나아가 처음에는 농민들도 부득이 침탈의 역사를 받아들였지만 결국 이를 거부할 때 자신들이 살아날 수 있다고 보았으니, 일제에 항쟁하는 것이 침탈에서 벗어나는 유일한 수단임을 확인하게 된 것이다. 그런 점에서 임피역, 그리고 그 옆에 세워진 옥구농민항쟁을 알려 주는 기념비는 일제 침탈의 역사를 다시 생각하게 한다.

6) 옥구 저수지, 그리고 불이농장

옥구, 곧 군산 농민들의 고통은 단순한 소작료의 문제에 그치지 않았다. 정읍에서 살펴본 운암제, 그리고 익산에서 언급한 대아 저수지처럼 군산에서도 대규모 토목공사가 있었다. 이번에도 불이농장(불이흥업주식회사)을 운영하며 수리 시설을 여기저기 만든 후지이 간타로가 등장한다. 다만, 다른 점이 있다면 이번에는 방조제를 쌓아 갯벌을 메워 농토를 만드는 것이었다. 더불어 저수지도 함께 만들었으니 바로 옥구 저수지다. 이를 위해 모두 14킬로미터에 이르는 대규모 제방을 갯벌 위에 쌓아야 했으니 당시로서는 대단한 공사였다. 엄청난 인력이 필요했고 이를 해결하기 위해 한국의 농민들을 끌어모을 방법을 찾았다. 그렇게 해서 내건 선전 문구가 간척에 참여하는 농민에게 '소작권을 보장'하며 '3년간 소작료 면제', 그리고 '간척공사 임금 지급'이었는데 당시로서는 파격적인 광고였다.

이렇게 해서 1920년에 시작한 방조제 공사는 1923년에 완성되었으니 그 결과, 무려 1,850정보(약 550만 평)의 농토와 322정보(약 97만 평)의 저수지(옥구저수지)가 완성되었다. 옥구 저수지는 대아 저수지의 물을 겨울에 끌어와 채웠다가 농번기에 쓰는 방식으로 운영했다.

대규모 토지와 수리 시설이 한꺼번에 생겼지만 불이농장은 한국 농민들에게 했던 약속을 지키지 않았다. 북쪽의 1,000정보(300만 평)는 일본인 농민들이 농사를 짓도록 했기 때문이다. 이때 일본에서 이주해 온 일본인이 농사를 지었는데 그 수가 무려 1,700여 명에 이르렀다. 말 그대로 식민(植民) 농업이었던 것이다. 일본인들에게는 대규모의 농토와 함께 기와집, 그리고 마을 공동의 학교도 지어 주었으니 1925년에는 이주자 자녀 교육을 위해 불이공립심상소학교, 불이공립실과여학교, 불이척식농사학교 등을 설립했다. 이렇게 해서 생긴 마을이 바로 '불이농촌(不二農村)'이다. 이러한 엄청난 혜택에도 불구하고 처음에는 이민자를 모집하기 어려워 보조금 지급 등을 걸고서야 그 숫자를 채울 수 있었다고 한다.

하지만 한국인 농민들은 남쪽의 850정보(255만 평)의 농토만을 경작할 수 있게 되었다. 간척공사 임금도 제대로 지급되지 않았으며 농토도 최소한의 땅만 경작할 수 있었으니(일본인 농가의 12분의 1) 소작 외에도 일본인 농가의 일을 보아야 생계를 유지할 수 있었다고 한다. 간척사업의 고달픈 노동에 매달렸지만 결국 한국인이란 이유로 일본인과 비교할 수 없는 수준의 처우를 받은 것이다. 이렇게 군산으로 들어가는 길이 쉽지 않다. 다른 곳도 더 살펴봐야겠지만 이제, 군산 내항 일대로 들어가 보자.

5
군산 내항에서 만난 침탈의 역사

1) 내항과 옛 군산세관

이제 군산 내항이다. 앞에서 살펴본 진포해양테마공원을 비롯해 근대 건물이 즐비하게 서 있다. 바다와 닿아 있는 항구를 걷다 보면 이제야 군산에 왔음을 실감하게 한다. 이 일대는 당시 역사를 보여 주는 유적이 여럿 있다. 그런 점에서 침탈의 역사를 살피기 위한 동선을 잡는 일이 일정하지 않다. 여러 동선 가운데 2~3시간 정도를 한 방향으로 걸어서 볼 생각을 한다면 다음과 같은 일정을 선택할 수 있다.

옛 군산세관 - 세관 창고 - 군산근대역사관 - 옛 일본 제18은행 - 옛 조선은행 군산지점 - 부잔교 - 빈해원 - 미곡취인소 터 - 옛 군산시청 터 - 동국사 - 신흥동 일본인 가옥

물론 군산 내항 일대는 넓지 않아서 위 일정을 참고해 필요한 장소를 더 넣거나 혹은 뺄 수 있다.

그렇다면 첫 장소로 옛 군산 내항 일대를 살펴보자. 군산이 1899년 개항하며 지금의 내항 일대에 각국 조계지가 설정되었다. 조계지에는 외국인, 그중에서도 일본인들이 많았는데 그들의 요구에 따라 군산이 변해 갔다. 사실, 군산의 개항은 어떤 면에서는 시간문제였다. 1876년 일본과 맺은 '병자수호조규', 곧 '강화도조약'에 부산을 포함하여 3개의 항구를 개항하는 내용을 담았을 때 군산 역시 후보가 되었다. 다만 정치, 경제 면에서 서울과 가까워 반드시 개항이 필요했던 인천, 그리고 러시아를 염두에 둔 군사 목적의 원산에 후 순위로 밀렸다. 하지만 전라북도 일대에 속속 일본인들의 농장이 들어서고 미곡을 실어 나르며 일본인의 거점 도시가

군산세관

필요해진 상황에서 군산의 개항을 늦출 수 없었다. 1898년에 군산의 개항을 논하게 된 것은 일본의 강압을 못이긴 외부대신의 요청에 의한 것이었다. 이때 군산과 성진, 마산의 개항도 같이 결정되었다.

1905년 일본 상인들은 프랑스인 세무사 라포르트를 매수해 대한제국을 압박해 86,000원의 비용을 들여 축항 공사에 들어가도록 했다. 더불어 세관 일대 항구와 물건을 하역할 수 있는 시설인 고정 잔교를 설치했다. 이후에도 군산항의 개조를 위한 축항 공사는 계속해서 이어졌다. 1909~1915년, 1918~1921년, 1926~1933년 등 세 번에 걸쳐 이뤄지며 항구에는 밀물과 썰물에도 쉽게 배를 댈 수 있는 부잔교(浮棧橋)가 설치되고 철도를 내항까지 끌어오는 공사도 이뤄졌다. 이 과정을 통해 군산은 1933년에는 한 해에 배 920척이 입출항을 하는 항구가 되었다. 당시 군산항을 떠난 배는 일본의 오사카항으로 연결되는 경우가 많았으니 국제항이라고 할 수 있는데, 그런 점에서 세관의 설치는 필수였다.

이러한 배경 속에서 1차 축항 공사와 맞물려 군산에 세관을 짓게 되었는데 같은 시기, 부산과 목포에도 세관을 지었다. 모두 탁지부 건축소에서 설계한 것으로 보인다. 르네상스풍의 세관 건물은 프랑스 또는 독일 사람이 설계하고 지붕 자재와 벽돌 등은 벨기에에서 수입했다고 전해진다. 화강암 기초 위에 벽돌로 벽을 세운 뒤 지붕에는 동판을 얹고 각 지붕의 끝에는 첨탑을 세웠다. 군산세관 건물은 분위기가 서울의 한국은행 건물과 비슷하다. 세관 건물의 등장으로 군산 항구의 분위기가 사뭇 달라졌음을 짐작하게 한다. 군산세관 건물과 더불어 그 옆에 감시탑, 창고 등을 지었는데 지금은 감시탑이 사라진 상태다.

참고로 지금은 사라진 목포의 세관 건물은 군산의 세관 건물과 쌍둥

이였다. 똑같은 모양으로 지었으니 만약 그 건물이 남아 있었다면 목포와 군산의 성격을 이해하는 데 도움이 되었을 것 같다. 그리고 지금 옛 군산세관 건물은 조세와 관련된 내용을 전시하는 박물관으로 쓰이고 있는데 조금 다른 방식으로 접근해도 좋을 것 같다. 근대 이후 조약의 핵심 사항이라고 할 수 있는 '관세'와 해관(海關, 세관)의 등장, 그리고 근대 무역의 본질을 이해하는 공간이 되어도 좋지 않을까 하는 생각이다.

세관은 말 그대로 관세 업무를 담당하는 관청이다. 이는 조선, 그리고 대한제국이 새로운 시기로 접어들었음을 의미한다. 1876년, 일본과 맺은 '병자수호조규'의 부속으로 '통상장정'을 맺으며 한때 무관세 조항을 적용한 적도 있었지만, 곧 통상장정 개정 작업에 들어갔다. 그 배경에는 조선 정부가 1878년, 부산 두모진에서 조선 상인에게 수출품 15%, 수입품 24%의 관세를 매겼다가 일본이 항의하는 사건이 있었다. 일본 측이 두모진 수세 사건에 배상 요구를 하자 여기에 대한 대응책을 마련하는 과정에서 조선 정부가 주일 청국공사 하여장(何如璋)의 자문을 구했고, 결정적으로 '조미수호통상조약'을 맺으며 관세자주권에 대한 개념을 명확하게 했다. 관세, 그리고 관련법의 등장은 조선도 국제세계의 일원이 되었음을 보여 주는 것이다. 그런 점에서 1908년, 새로 지은 군산의 세관과 관련된 역사는 조금 더 큰 범주로 살펴볼 필요가 있다.

원래 조선에서는 관세 업무를 담당하던 기관을 청의 사례에 따라 '해관'이라고 했으니, 군산세관은 처음 1899년 인천해관 산하 군산해관으로 출발했다. 그런데 통감부를 설치(1906년 2월)하기 직전 일제는 영국인 총세무사 브라운 등 대한제국의 외국인 해관직원을 거액을 주고 해고했다. 그리고 일본인 재정고문이던 메가타 다네타로(目賀田種太郎)를 브라운 대신 그 자리에 앉혔다. 그리고 일본의 세관 직원을 데리고 와서 다른 외국인 직원의 자리를 대신하도록 하여 대한제국의 세관 업무를 장악한 것이다. 이 과정에서 '해관'이란 명칭 대신 일본식의 '세관'으로 명칭을 바꾸며 동시에 개항장을 비롯한 항구 일대의 시설을 정비하는 과정을 갖도록 했다. 그러니 군산세관이 설치되면서 같이 이루어진 항만 축조는 통감부의 입김이 강력하게 반영된 결과로 보아야 할 것이다.

2) 세관 창고, '정담'

옛 군산세관은 아담하고 인상적인 외관으로 인해 인기가 많은 편이다. 군산을 소개하는 책의 표지로 곧잘 등장할 정도다. 그런데 그 안쪽에 세관 건물 못지않은 중요한 문화재가 있다. 바로 군산세관 창고다. 이 건물은 세관 건물을 지은 시기와 같은 1908년에 완성되었다. 현재 우리나라에 남아 있는 창고 건물 가운데 가장 오래된 것으로 알려져 있다. 이 창고는 건축의 관점에서도 중요하겠지만 군산을 쌀 수탈의 현장이라고 할 때 그러한 모습을 상상할 수 있는 역사 공간이라는 점에서 의미가 깊다.

만약 군산항에 만들었던 상옥창고가 남아 있다면 그 거대한 위용을 보며 쌀 수탈의 의미를 시각적으로 확인할 수 있었을 것이다. 1932년경, 모두 세 동이 건설된 내항의 상옥창고는 높이 9미터, 폭 27.3미터, 길이 약 90미터에 이르는 거창한 규모였다. 세 개의 창고에 동시에 저장할 수 있는 쌀의 양은 무려 25만 석에 이르렀다. 그런데 이러한 건물이 무관심 속에서 1990년대에 사라지고 그 자리에 주차장이 들어섰다.

다만, 옛 군산세관을 호남조세박물관으로 쓰고 그 옆에 새롭게 군산세

군산세관 창고

관이 들어서면서 옛 군산세관 창고는 세관에서 물건을 보관(주로 압수한 밀수품을 보관했다고 한다)하던 창고 건물로 쓴 덕분에 온전하게 보존되었다.

일반인에게 개방하기 전에는 창고와 세관 직원들을 위한 시설이 있었다고 한다. 이 창고의 규모 역시 작지 않아서 높이 7.6미터, 폭 12.4미터, 길이가 36미터나 된다. 앞에서 살펴본 상옥창고 1개의 4분의 1 면적이다. 군산 세관창고의 전체 규모를 짐작할 수 있다. 그런 점에서 군산, 쌀, 쌀창고, 수탈이라는 낱말이 갖는 연결고리를 눈으로 보며 확인할 수 있는 특별한 유적이라고 할 수 있다.

지금은 이 창고를 '인문학 창고 정담'이란 카페로 쓰며 군산의 새로운 명물이 되었다. 당시 프랑스인 세무사 라포르트가 데리고 온 프렌치불독이 마스코트('먹방이'란 애칭으로 부름)가 되어 있다.

3) 군산근대역사박물관

옛 군산세관 건너편에 지상 4층 규모의 거창한 건물이 있다. 바로 2011년에 생긴 시립 군산근대역사박물관이다. 전시실 구성은 박물관 1층 입구의 어청도 등대 모형을 시작으로 종합 영상실, 삶과 문화, 해상 유통의 중심지, 해상 유통의 전성기, 근·현대의 무역, 바다와 문화 등을 주제로 한 해양 물류 역사관, 바다 여행, 바닷가 친구들, 바다 도시 군산 등을 주제로 한 어린이 박물관, 근대사 관련 자료실인 근대 규장각실과 근대 도시, 탁류의 시대 등으로 구성된 근대생활관 그리고 분기별 테마 전시 공간인 기획 전시실 등으로 구성되어 있다. 이 가운데 인기가 있는 곳은 3층의 근대생활관이다. 1930년대 군산의 번화가를 재현한 공간으로 시간 이동을 한 것처럼 당시 분위기를 '수탈'의 관점과 함께 체험할 수 있도록 했다. 이 번화가는 지금의 군산 영동으로 당시에는 영정(榮町)이라 불렀던 곳이다. 군

군산근대역사박물관 전경

산의 원도심 상가 거리가 시작하는 곳으로 일제강점기에도 일본인들이 이용하던 고급 상가가 많았다고 한다.

이러한 역사박물관의 경우 답사에서 적절하게 활용할 때 효과가 크다. 당시 모습을 역사박물관의 재현 공간을 통해 접근할 수 있다. 또한 주변의 여러 지역의 정보를 통합해서 제공한다는 점에서 예비학습 내지는 정리학습의 공간이 되기도 한다. 다만, 정보 위주로 구성하는 경우에는 딱딱한 느낌이 들고, 흥미를 북돋기 위해 다양한 전시방식을 활용하거나 주제가 종합적일 경우에는 필요한 정보를 얻기에 어려움이 있다. 군산의 경우 옛 근대건축물을 별도의 주제 박물관으로 활용하고 있으므로 답사 목적에 따라 적절하게 활용할 계획이 필요하다.

4) 제18은행 군산지점

일제의 침탈은 국권 상실 이전에 이미 금융에서 시작되었다. 일본의 일개 사립은행인 제일은행(다이이치 은행)권이 1905년, 재정 고문이던 메가타에 의해 법화로 통용되었다. 이러한 금융 부분의 침식은 자연스럽게 일본의 영향력을 대한제국에 확대하게 되었으며 더불어 대한제국의 경제가 일본 경제에 종속되는 결과를 맞이하게 되었다. 이러한 제일은행은 향후 한국은행, 조선은행으로 이름을 바꾸어 그 역할을 이어 가게 된다.

제일은행과 함께 일본의 다른 은행들도 한국에 진출하게 되는데 그 가운데 하나가 바로 군산에 지점을 둔 제18은행(제18은행은 1877년 일본의 열 여덟번째 국립은행으로 설립되었다. 1897년 보통은행으로 전환되었으며 이름도 주식회사 18은행으로 개칭했다)이다. 본점이 일본의 나가사키(長崎)에 있었기 때문에 '나가사키 제18은행'으로 부르기도 했다. 1907년 군산에 지점을 설치한 제18은행은 한국 내 7번째 지점이다.

제18은행 군산지점 전경

출처: 문화재청

이러한 은행은 기본적으로 일제의 이익에 충실했다. 국제적 지불수단이었던 금을 한국에서 매입해 보내기도 했지만, 금융 측면에서도 일본과 일본인을 위한 은행 역할을 충실하게 했다. 1935년, 제18은행 군산지점의 대출 현황을 보면 한국 농민에게는 단 1원도 대출하지 않았다. 당해 연도 전체 대출금은 일본인에게는 709,000원에 이르는 데 비해 한국인(상인)에게는 단 11,385원의 대출 실적만 있다. 제18은행의 주 고객이 누구였는지 짐작할 수 있다.

제18은행 건물은 1907년에 지었으며(문화재청 기록 참고. 1911년으로 건설된 것으로 기록된 자료가 많음) 이후 1936년에 조선식산은행에 매각되었고, 1938년에 조선미곡창고주식회사(대한통운주식회사)에 매각되었다. 이 건물은 일제강점기 초반 은행 건물의 모습을 보여 주는데 해망로를 앞에 두고 목조 1층 규모의 본관이 있고 그 뒤쪽으로 부속건물 2동이 지붕을 맞대고 붙어 있다. 좌측의 부속 건물은 목조 2층 규모의 관리용 건물이고, 우측의 부속 건물은 벽돌조 2층 규모의 금고 건물이다.

지금은 근대미술관으로 쓰고 있는데 금고용 건물에는 안중근 의사가 갇혀 있던 여순 감옥을 재현해 놓았다. 군산시가 근대를 대하는 방법이다.

5) 조선은행 군산지점

옛 조선은행 군산지점은 이 일대에서 독보적인 존재다. 2층 건물이지만 3~4층에 해당하는 높이여서 금방 눈에 띈다. 또한 '조선은행'이란 이름이 갖고 있는 무게가 남다르다. 채만식의 『탁류』 속 주인공들도 이 조선은행과 관련이 있다는 점은 당시에도 존재감이 뚜렷했음을 짐작할 수 있다.

그렇다면 조선은행이란 어떤 은행일까. 사실, 앞에서 살펴본 것처럼 통감부 시절, 중앙은행의 역할을 맡은 것은 일본은행인 제일은행이었다. 그러다가 1909년, 한국은행이 그 역할을 인계받았다. 한국은행 이름으로 성립할 당시 서울에 본점을 두고 인천을 포함하여 4곳에 지점, 그리고 군산을 포함하여 9곳에 출장소를 두었다. 1910년, 국권피탈 후 '조선은행법'이 시행되며 조선은행으로 이름이 바뀌었다. 국권을 빼앗기는 과정에서 식민지를 '한국'에서 '조선'으로 지칭하게 된 것이다. 그리고

1916년, 군산의 조선은행 출장소는 지점으로 승격하며 현재의 위치로 옮겨 왔다. 더불어 땅을 매입하고 건물을 지으면서 지금의 모습을 갖추게 되었다.

옛 조선은행 군산지점 외부

은행 건물 설계자는 나카무라 요시헤이(中村與資平)로 이전에도 중국의 조선은행 다롄지점 건물을 지었으며 우리나라에서는 천도교 중앙대교당, 중앙고등학교 서관과 동관, 그리고 이왕가미술관으로 쓰던 덕수궁미술관을 설계한 건축가다. 그런데 1920년 8월, 건설 중이던 한국인 인부 4명이 흙더미에 깔려서 죽는 참극이 일어났다. 그러나 이후 항의하는 인부들이 모두 경찰서에 검거되기도 했으니 당시 이 건축의 의미를 짐작할 수 있다. 실제로 건물을 보면 2층의 용도가 거의 없음에도 2층으로 지어 건물의 위용을 높였으니 조선은행 건물은 등장하자마자 군산의 주요한 관심거리가 되었을 것이다.

조선은행은 다양한 영역에 영향을 미쳤다. 먼저 한국의 중앙은행 역할을 맡아 '조선은행권'을 발권했다. 하지만 실체는 이익을 목표로 하는 상업적 은행이었으니 조선총독부의 국책은행이라고 할 수 있다. 더 나아가 조선은행은 한국 내 영업보다는 국외 영업에 더 많은 관심을 두었다. 한국 내 지점이 모두 22개였지만 외국에는 만주 26곳을 포함하여 모두 87개에 달한다.

조선은행은 한국에 진출한 여러 일본계 은행의 부족한 자본금을 지원해 주기도 하였으며 토지를 매개로 해서 일본인 농장주에게 대출을 하는 경우도 있었다. 앞에서 여러 번 언급된 농장주 구마모토는 이런 조선은행의 대출로 1932년, 580정보(174만 평)의 토지를 매입하기도 했다. 또한 일본 상인들에게 자금을 융통해 주기도 했다. 1918년 기준, 국내 조선은

옛 조선은행 군산지점 내부

행 예금 거래자의 70%가 일본인이었는데 다른 지역에 비해 일본인 많았던 군산의 경우 그 비율이 조금 더 높았을 것으로 보인다. 대출에서는 전국 기준으로 그 대상의 80%가 일본인이었다는 점에서 조선은행은 조선에 있는 일본인을 위한 은행인 셈이었다. 1919년까지는 조선식산은행이 이러한 영역에서 거의 독보적인 지위를 갖고 있었다. 실제로 1925년 6월, 조선은행 군산지점의 일본인 출납계원이 미곡상의 사무원과 공모하여 31,400원을 횡령하여 달아났다가 붙잡힌 사건이 있었다. 그런 점에서 채만식의 소설『탁류』에 등장하는 고태수가 거액인 수천 원의 거액을 횡령하는 장면도 사실에 기반을 둔 것이라 할 수 있다.

이처럼 군산에 지대한 영향을 끼치던 조선은행 군산지점은 광복이 되자 1945년 11월 10일, 인수인계를 한 직원들이 일본으로 돌아가 폐쇄되었고, 건물은 광복과 함께 다른 모습으로 바뀌었다. 이후 한국은행 군산지점으로 쓰이다가 1953년부터는 한일은행의 지점 건물이 되었다. 1984년부터는 무도장이 되어 원래 모습과 다르게 변했고, 1990년대 화재까지 발생해 한때는 폐허처럼 되어 버렸다.

그러나 최근에 복원과 보수를 통해 2013년부터 군산근대건축관으로 쓰고 있다. 내부에는 조선은행 시절의 모습과 건축물과 관련된 내용을 알려 주는 전시와 함께 당시 건축부재 일부를 노출시켜 역사를 파악할 수 있도록 하였으며, 한편으로는 사진과 모형을 통해 군산 일대 건축물들을 살펴볼 수 있는 전시물이 마련되었다. 대규모 화면과 음향을 동원하여 군산의 근대가 어떠했는지를 보여 주는 영상도 볼 수 있다.

6) 부잔교

 옛 조선은행 군산지점 건물 바로 앞은 내항 부두다. 여기서 살펴보아야 할 것은 바로 부잔교다. 부잔교는 '뜬다리 부두'라고도 하는데 밀물과 썰물의 수위 차가 큰 서해안에 접안 시설로 활용하던 시설이다. 물에 뜨는 강철과 콘크리트로 만든 사각형의 접안 시설인 폰툰(pontoon)을 만들고 항구와 연결하는 다리를 설치해 해수면의 높이와 무관하게 대형 선박을 접안시킬 수 있도록 도와준다. 이러한 부잔교는 군산항의 제3차(1926~1932년)와 제4차 축항공사(1936~1938년)를 통해 건설되었다.

부잔교

7) 빈해원

이제 조금 색다른 곳을 살펴보려고 한다. 일제 침탈의 역사와 직접적인 관련은 없지만 당시 군산의 상황을 이해할 수 있는 곳이다. 개항장 군산의 조계지는 외국인의 거주지다. 일본인 외에 다른 나라 사람들도 들어왔는데 바로 청국 사람들이다. 처음부터 군산으로 들어온 것은 아니고 인천이나 다른 지역에 살던 사람들이 옮겨 온 사례가 많았다고 한다. 1900년경, 군산에만 약 500명의 중국인이 살았다. 그들 역시 생업을 위해 축항 공사나 건설 현장에서 일하거나, 의원 또는 음식점을 운영했다. 그러던 중 광복을 맞으며 본국으로 돌아간 사람도 있지만 일부는 남았으니 그 중 소란정 씨 집안 어른들은 1952년 군산에서 중국 요리집을 열었다. 당시 이 일대를 일본식 이름인 빈정(濱町)이라고 불렀던 탓에 빈해원(濱海園)으로 이름을 붙였다고 한다.

판자집에서 시작한 음식점이 성공을 거두며 지금의 자리로 옮겨 왔으니 1965년쯤의 일이다. 이후 지금까지 군산을 대표하는 중국 요리집이 되었다. 건물의 모습은 중국의 분위기를 그대로 옮겨와서 지금도 안으로 들어가면 이국적인 느낌이 든다. 이 건물을 통해 일제강점기 군산은 일본인만 있었던 것은 아니라는 사실을 생각하게 된다. 인천의 경우처럼 명확하게 구분을 지을 정도의 세력이 되지는 못했지만 근대와 함께 시작된 개항은 서로 다른 나라 사람들이 모여서 사는 공간을 만들어 냈다. 최근 이 식당 건물은 국가등록문화재가 되었다.

8) 미곡취인소 터

빈해원 옆에는 지금은 사라진 미곡취인소(미곡거래소) 터가 있다. 인천에 설립된 미두취인소(1896년)와 비슷한 역할을 하던 곳이다. 1932년 '조선 취인소령'에 따라 한 도에 하나를 설치할 수 있게 되면서 군산에 설치된 것이다. 설치 전 이미 이 지역 일본인 상인이 중심이 되어 미곡취인소를 설치하게 해 달라고 1920년대에 조선총독부에 청원을 한 바가 있다.

미곡취인소가 설치되었지만 조선총독부의 방침에 따라 회원제로 운영되었으며, 거래 방식은 품종과 품질이 다른 미곡의 표준미를 정한 후 매매를 할 수 있도록 했다. 미가(米價)의 조정은 일본 오사카 시세를 전달받아 공시하였는데 3개월 전에 거래를 하는 선물거래 방식과 1개월을 기한으로 언제든지 현물을 사고팔 수 있는 두 가지 방식의 거래가 이뤄졌다.

이처럼 군산 미곡취인소는 원래 미곡 수급의 안정과 필요한 쌀의 사전 확보를 목적으로 이용되도록 했지만 군산 미곡취인소의 1년 거래량이 1천만 석에 이르다 보니 많은 사람이 시세차익을 노리고 모여들어 투기장으로 변했다. 하루에 7번 변하는 오사카 거래시장의 가격을 기준으로 했는데 이러한 시장 가격의 변화를 잘 몰랐던 한국인 중에 일확천금을 노렸다가 큰 손해를 보는 경우가 많았다고 한다.

9) 옛 군산시청 터

옛 군산시청 터를 찾기 위해서는 군산에서 유명한 제과점인 이성당을 찾아야 한다. 이성당 건너편에 있는 넓은 광장이 군산시청, 처음 지을 당시 이름으로는 군산부의 청사인 군산부청이 있던 곳이다. 1928년 11월

이성당 앞 광장, 옛 군산시청이 있던 곳

준공한 건물로 광복 이후 군산부가 1948년에 군산시로 이름이 바뀐 뒤에는 1996년까지 군산시청으로 썼다. 아쉬운 부분은 일제강점기 지방의 관청 건물의 대표가 될 수 있는 이 건물을 헐고 그 자리에 상업 시설(로데오거리'라고 불렀다)을 설치한 부분이다. 이후 상업시설은 수차례 운영상 어려움을 겪다가 지금은 문화공간을 표방하며 광장으로 조성되었다. 지금의 광장도 좋지만 한편으로 옛 시청 건물이 남아 있었더라면 군산을 이해하는 데 도움이 되었을 텐데 하는 아쉬움이 든다.

10) 동국사

동국사(東國寺)는 우리나라에서 볼 수 있는 유일한 일본식 사찰(경주 서경사와 목포에 동본원사 건물이 남아 있지만 절이 아닌 다른 용도로 쓰이고 있다)이다. 처음 이 절은

동국사 입구 기둥, 금강사란 옛 이름이 남아 있다.

1909년 포교소로 시작했다가 1913년 구마모토 등 이 지역 일본인들의 시주를 받으며 지금과 같은 대웅전과 요사채(스님들이 거주하는 곳)를 지었다. 이때 이름은 금강선사 또는 금강사였다. 일본의 조동종 사찰이며 당시 이름이 지금도 정문 기둥에 남아 있다.

1936년 전라북도의 조동종 사찰과 포교소의 신도 기록을 살펴보면 99%가 일본인이었다는 점에서 금강사 역시 일본에서 넘어온 일본인 신도들을 대상으로 한 것을 알 수 있다. 1955년 전북 종무원에서 매입하여 관리하다가 1970년 김남국 스님이 주지로 오며 우리 절이 되었다는 뜻으로 '동국사'란 이름을 짓게 되었다. 지금 동국사는 조계종 선운사의 말사다. 이 과정에서 동국사 대웅전 뒤쪽 납골당에 보관하던 일본인의 유해를 모두 화장해 금강에 뿌리기도 했다.

 몇 번의 작은 변화가 있었지만 1913년에 지은 절의 모습이 지금까지 이어지면서 건물만은 여실히 일본의 사찰을 닮았으니 어느 일부분만 사진을 찍는다면 일본의 어느 지방에 있는 절이라고 해도 구분하기 어렵다. 정면 5칸, 측면 5칸의 내부가 깊은 건물로 실내 모습도 우리나라 절과 완연히 다르다. 일본의 여느 절처럼 대웅전과 요사채가 복도로 이어진 모습도 그렇다. 대웅전 지붕은 우리 건축물과 달리 물매가 깊고 크다. 지붕은 가벼운 일체식 기와로 덮었다.

 또한 절의 대웅전에서 보관하고 있는 범종은 1919년 일본 교토에서 만들어서 보낸 것으로 그 안에는 일왕의 은덕으로 한국과 조선이 굳건하게 될 것이라는 문장과 함께 주조하게 된 내력을 적은 명문이 있다. 그리고

동국사 대웅전

이 종을 주조함에 있어 처음 절을 지을 때 지원했던 군산의 일본인 유력자 6명의 이름이 다시 나온다. 구마모토는 여기에도 등장한다.

절에는 조그마한 관음상이 33개가 있다. 이 역시 일본에서 유행하던 33관음신앙의 표현으로 특히 본존은 자안관음(子安觀音)이다. 자안신앙은 건강하게 아이가 태어나고 또 아이가 무사하게 자라기를 바라는 신앙이다. 여성과 관련이 있고 또 동국사의 풍광이 좋아서 군산의 유곽에 있던 일본 여성들이 자주 찾았다고 한다.

2005년 새로 종걸 스님이 주지로 부임한 뒤 동국사에서는 큰 변화가 이뤄지고 있다. 2012년, 일본 조동종에서 일제의 식민지 지배에 종교가

참사문을 새긴 비

참여한 것에 대한 반성의 뜻을 담은 일본 조동종의 '참사문(懺謝文)'(1992년 발표)을 새긴 비가 들어섰다. 또한 2015년에는 평화의 소녀상이 그 앞에 들어섰다. 전쟁과 식민지 지배의 역사를 어떻게 풀어 가야 할지에 대한 시사점을 주는 듯하다. 무엇보다 동국사는 근대 역사와 관련된 사료를 모으고 있으며 이는 군산과 동국사를 이해하는 자료가 된다. 이를 보관하고 전시할 '군산역사관'이 최근에 동국사 앞에 세워졌다. 동국사는 이제 또 하나의 역사를 가지게 된 것이다.

11) 신흥동 일본인 가옥

군산에서 일제강점기의 흔적, 그리고 일본인의 이야기를 살펴 보았지만 막상 일본인의 집을 찾는 것은 어렵다. 목조 건축이라서 낡아 없어진 부분도 있고 새롭게 신식 건축으로 개조된 경우도 있겠지만 잘 보존되고 있다고 하더라도 적산(敵産)이란 개념 속에 외부 사람들에게 공개하기를 꺼리는 부분도 있다. 따라서 건물의 외형만 보고 일본식이라는 걸 확인하게 되는 경우가 일반적이다. 그런 점에서 신흥동 일본인 가옥은 당시 일본 상류층의 거주 모습을 직접 살펴볼 수 있다는 점에서 흥미로운 곳이다.

신흥동 일본인 가옥은 집 주인의 이름을 따서 히로쓰 가옥이라고도 부른다. 히로쓰 게이사브로(廣津繼伊三郞)는 포목점을 운영하며 부를 쌓았는데 부협의회 의원이기도 했다. 광복 이후 이 집은 적산으로 호남제분(지금의 한국제분)에 불하되면서 현재는 한국제분에서 소유하고 있다.

신흥동 일본인 가옥 전경

 히로쓰 가옥의 사용 승인은 1925년으로 되어 있어 대략 그 시기에 지어졌을 것으로 보여지는데 건축물의 형태로 보아 1930년대 이후의 것이라는 연구도 있다. 2층으로 된 본채에 복도로 단층의 객실이 붙어 있으며 그 앞에는 잘 가꾼 일본식 정원이 있다. 일본 가옥에서 흔히 볼 수 있는 외관에, 다다미방과 벽 한쪽에 감실을 만들고 바닥을 한 단 높여 장식물을 두는 공간인 도코노마, 일본식 벽장인 오시이레 등의 시설을 갖추었지만 흥미롭게도 온돌이 배치되어 있다. 일본 집이지만 한국의 기후에 영향을 받아 변화가 일어난 것이다.

12) 구암공원, 그리고 군산 3·1운동 100주년 기념관

　군산의 일제강점기 흔적, 침탈의 현장을 살펴보는 것은 흥미롭지만 괴로운 일이다. 당시 한국 사람들의 삶은 일제의 침탈에 맞서 자신의 삶을 지키는 일도 쉽지 않았다. 그런 점에서 일제가 주장한 '내선일체(內鮮一體)'는 허울이었고 이식되어 온 일본인들의 삶은 늘 토박이 한국인보다 나았다. 정체성을 잃어 본 적이 없는 한국인에게 이는 고통이었으며 이러한 고통을 입 밖으로 내는 것도 치죄의 대상이 되었다.

　결국 한국인의 분노는 1919년 3월, 만세운동으로 표출되었다. 이런 움직임은 군산에서도 크게 일어났다. 1919년 2월 26일, 민족대표 33인 가운데 한 명인 이갑성을 통해 이 지역의 영명학교 출신인 김병수가 독립선언서 200매를 군산의 모교로 들고 온 것이다. 김병수는 모교 영명학교의 은사인 박연세 선생을 만나 만세운동에 대해 협의하며 영명학교 교사들과 이를 준비했다. 영명학교는 미국 남장로교의 선교사인 전킨(전위렴) 목사가 1903년 궁멀(구암동)에 세운 학교다. 독립운동 준비에 나선 교사와 학생들은 독립에 대한 열망을 안고 독립선언서를 추가로 제작하고 태극기를 그리며 3월 6일 설애장이 열리는 날에 만세운동을 펼치기로 하고 준비했다.

　그런데 이러한 움직임을 포착한 일제 경찰은 3월 5일 새벽, 영명학교를 덮쳤다. 만세운동이 수포로 돌아갈 위기를 맞이한 것이다. 실제로 이 과정에서 박연세, 이두열이 연행되었다. 그러자 만세운동이 무산될 것을 염려하여 3월 5일 당일 만세운동을 펼치는 것으로 일정을 바꿨다. 교사와 학생들은 미리 준비해 둔 3,500매의 태극기와 독립선언서를 꺼내 들고 시위에 들어가 독립만세를 부르며 군산경찰서로 향하였다. 시위행진에는

군산 3·1운동 100주년 기념관

 멜본딘여학교 학생들도 참여하였고 이후 시민들이 합세하여 경찰서에 도착했을 때는 그 수가 1,000여 명으로 불어났다. 시위대는 일제 군경의 무차별 발포로 해산되었고, 90여 명이 검거되어 투옥되었다. 군산 지역의 만세운동은 이날을 시작으로 5월까지 총 28회에 걸쳐 연인원 30,700여 명이 참여하였다. 그 결과로 사망 53명, 실종 72명, 부상 195명이 발생하였는데, 전라북도 일대에서 가장 큰 규모의 피해였다.

 한강의 남쪽에서 가장 이른 시기 만세운동을 벌였다는 것을 자랑으로 여기는 군산에서는 3·5만세운동을 기리기 위해 최근 옛 영명학교 건물을 복원하여 '군산 3·1운동 100주년 기념관'으로 쓰고 있다. 전시관 안으로 들어가면 3·5만세운동과 영명학교에 대한 내용을 살펴볼 수 있다.

 전시 내용을 살피다 보면 익숙한 두 분의 이름이 있다. 바로 김병수 선생과 문용기 선생이다. 군산 만세운동을 촉발했던 세브란스 의전 학생

김병수는 우리가 익산에서 만난 삼산의원의 원장이다. 독립운동의 기억은 이렇게 다른 곳에서 다시 만난다. 또한 익산 4·4만세기념공원의 주인공인 문용기 선생 역시 여기 영명학교 교사였다가 고향 익산으로 돌아가 만세운동을 벌이는 과정에서 순국한 것이다. 침탈의 역사가 어느 한 곳에 한정된 것이 아니듯, 침탈에 대한 저항 역시 어느 한 곳에 한정된 것이 아님을 보여 준다. 그런 점에서 일제의 침탈의 역사를 살피며 안타까운 마음이 들었지만 한편으로 이러한 침탈을 그저 용인하고만 있지 않았던 독립운동가의 모습을 보는 것은 일제강점기 역사를 살피는 데 있어서 의미가 깊다고 할 것이다.

맺음말

　전라북도 일제강점기 침탈의 역사 공간 가운데 '일부'를 살펴보았다. 사실, 일제 침탈은 경제 영역만 하더라도 공업이나 어업 등 다양한 부분에서 이뤄졌다. 그러므로 앞에서 살펴본 농업을 중심으로 한 침탈의 내용은 다른 영역과 연결해서 이해할 때 조금 더 명확한 의미를 파악할 수 있을 것이다. 이 책을 통해 일제 침탈의 다른 영역으로 관심이 이어졌으면 하는 바람이다. 아울러 이와 함께 일제강점기 침탈이 일어난 지역 역시 전라북도 일대 이외의 다른 지역으로도 시선을 넓힐 수 있을 것이다.

　다만 일제의 미곡 침탈과 관련된 부분은 당시 우리나라 산업의 상당 부분, 우리 국민의 상당수에 해당하는 영역이라는 점에서 일정한 의미가 있다. 또한 이러한 미곡 침탈의 모습과 관련된 농촌의 역사 유적에 대한 관심도 필요하다. 도시 지역의 일제강점기 건축물은 비교적 규모도 크며 또 건축적 가치를 인정받아 국가등록문화재 지정과 같은 과정을 거쳐 보존과 활용에 대한 논의가 많은 편이다. 이에 따라, 일부 건물은 새롭게 전시관이나 문화공간으로 쓰고 있으니 이처럼 해당 공간의 역사를 보존하면서도 새로운 쓸모를 만들어 내는 경우가 종종 있다. 그런데 농촌에서 만나게 되는 창고, 가옥 등은 여러 곳에 흩어져 있기도 하고, 건물의 구조나 규모가 사람들의 이목을 끌기에는 부족함이 있다. 그렇지만 이러한 역사를 담고 있는 공간 역시 우리 근대사의 중요한 유적이라는 점에서 관심과 보존에 대한 논의가 일어났으면 하는 바람이다. 그리고 이렇게 보존된 공간은 이 지역의 근대 역사를 살피는 거점이 될 수 있을 것이다. 이 책이 이러한 선순환의 한 부분을 담당할 수 있길 바란다.

참고문헌

- 『한국민족문화대백과사전』, 한국학중앙연구원.
- 『두산백과』, 두산.
- 『조선왕조실록』.
- 『사진으로 보는 한국관세 130년』, 관세청, 2008.
- 군산시, 『군산시사』, 군산시, 1991.
- 김중규, 『근대문화의 도시 군산』, 군산시, 2007.
- 동북아역사재단 한국외교사편찬위원회, 『한국의 대외관계와 외교사 – 근대편』, 동북아역사재단, 2018.
- 배지영, 『군산』, 북이십일, 2020.
- 이연식, 『조선을 떠나며』, 역사비평사, 2017.
- 허수열, 『개발 없는 개발』, 은행나무, 2011.
- 홍성찬 외, 『일제하 만경강 유역의 사회사: 수리조합, 지주제, 지역정치』, 혜안, 2006.

- 김경남, 「1894-1930년 전통도시 전주의 식민지적 도시개발과 사회경제구조 변용」, 『한일관계사연구』 제51집, 2015.
- 문영주, 「일제시기 조선금융조합연합회의 운영주체와 금융조합주의」, 『한국사연구』 144, 2009.
- 박성신, 「군산의 근대 창고건물 현황 및 산업유산으로서의 가치에 관한 연구」, 『건축역사연구』 통권70호, 2022.
- 원도연, 「일제강점기 익산의 근대농업과 이리농림학교의 사회사」, 『열린정신 인문학연구소』 제20집(통권 제36호), 2019.
- 임유미, 「일제강점기 조선은행 군산지점의 역사와 그 활용」, 군산대학교 석사학위논문, 2012.
- 임혜영, 「일제강점기 전북 익산 함라면의 토지소유 변화」, 『전북사학』 41호, 2012.

- 전재호, 「식민지건축 유산에 대한 인식 변화와 반일민족주의: 일재 잔재에서 근대문화유산으로」, 『한국과 국제정치』 통권110호, 2020.
- 전재홍, 「쌀 관련시설의 도시경관 변화에 대한 영향 연구 – 일제강점기 논산, 호남평야 지역의 사진고찰을 통하여」, 한남대학교 석사학위논문, 2008.
- 정승진, 「실패한 식민지 개발 프로젝트」, 『한국사학보』 제59호, 2015.
- ＿＿＿, 「위계적 복합공간으로서 식민도시 이리」, 『아세안연구』 55, 2012.
- ＿＿＿, 「호남 동진수리조합 사업의 전개과정」, 『한국사학보』 제79호, 2020.
- 조성실, 「농촌 근대문화유산을 활용한 에코뮤지엄 조성 가능성연구 – 전북 신태인읍 화호리 사례를 중심으로」, 『박물관학보』 30, 2016.
- 진실, 「일제강점 초기 일본인의 이리 이주와 도시형성」, 전북대학교 석사학위논문, 2014.
- 최우중, 「일제강점기 전북지역 일본인 지주의 농장경영 : 이토(伊藤)농장 사례를 중심으로」, 전북대학교 석사학위논문, 2009.

찾아보기

• ㄱ •

개항지 35
고군산 68, 70
고등심상소학교 35
관개 16, 17, 23, 28, 50
구마모토농장 7, 16, 31, 33, 75, 76
구마모토 리헤이 31, 32, 74
구암공원 107
군산 12, 13, 14, 28, 29, 31, 35, 37, 40, 41, 46, 48, 52, 62, 64, 65, 66, 67, 68, 69, 70, 71, 74, 76, 78, 81, 82, 83, 84, 85, 86, 87, 88, 89, 90, 91, 92, 93, 94, 95, 96, 97, 99, 100, 101, 104, 105, 107, 108
군산근대건축관 97
군산근대역사관 85
군산부 13, 40, 64, 66, 67, 100, 101
군산선 78
군산세관 68, 85, 86, 87, 88, 89, 90, 91
군산진 69, 70
금마 38, 41, 56
김병수 49, 107, 108, 109

• ㄴ •

나카무라 요시헤이 95

• ㄷ •

대교농장 58
대아 저수지 52, 83, 84
대한제국 26, 65, 66, 87, 88, 89, 92
독서회 43
동국사 85, 101, 102, 103, 104, 105
동양척식주식회사 16, 25, 28, 58
동진강 15, 20
동진수리조합 15, 16, 18, 22, 27

• ㄹ •

러일전쟁 26

• ㅁ •

만경강 15, 52
메가타 다네타로 88
멜볼딘여학교 48
목포 12, 29, 46, 67, 87, 88, 101
몽리 22
문용기 55, 56, 57, 58, 108, 109
미곡취인소 85, 100

113

ㆍㅂㆍ

박연세 107
발산리 5층 석탑 70, 71, 72
발산리 석등 71
벽골제 8, 16, 22, 23, 24, 30, 71
부잔교 85, 87, 98
불이농장 60, 62, 83, 84
불이농촌 83, 84
빈해원 85, 99, 100

ㆍㅅㆍ

산미증식계획 15
삼산의원 47, 48, 109
상옥창고 79, 89, 90
섬진제 19
소작농 17, 25, 28, 53, 75, 81, 82, 83
소작쟁의 82
솜리 근대역사문화공간 55
수리 시설 8, 14, 16, 17, 22, 23, 24, 26, 51, 52, 53, 83, 84
수리조합 5, 15, 16, 17, 18, 22, 26, 27, 28, 50, 51, 52, 53, 54, 57, 62
수리조합비 17, 28
시마타니 금고 28, 70, 71, 72, 73, 74
시마타니 야소야 71, 74
식민 25, 84

ㆍㅇㆍ

에르네스트 라포르트 66
영명학교 49, 107, 108, 109
영정통 46, 47
오산면 62
오하시 요이치 43, 58
옥구농민항쟁 81, 82, 83
옥구 저수지 83, 84
운암발전소 17, 18, 20, 21, 22, 23
운암제 14, 15, 17, 18, 19, 20, 22, 23, 83
이리 37, 38, 39, 40, 41, 42, 43, 44, 45, 46, 47, 50, 52, 58, 60, 67
이리농림학교 41, 42, 43, 44, 45, 52
이리역 39, 40, 41, 45, 46, 47
이사청 66
이상운 44
이성당 100, 101
이엽사농장 81, 82
이영춘 35, 75, 76, 77
이영춘 가옥 74, 75, 76, 77
이토농장 26
익산 12, 13, 26, 27, 37, 38, 39, 40, 41, 43, 44, 45, 46, 47, 49, 50, 51, 52, 54, 55, 57, 58, 60, 62, 67, 78, 81, 82, 83, 109
익산근대역사관 46, 47, 48, 49, 50
익산역 42, 44, 45, 46, 47, 49
익옥수리조합 5, 16, 27, 51, 52, 53, 62

익주 38
임익수리조합 16, 27, 52, 54
임피역 70, 78, 79, 80, 81, 83
임항철도 78

• ㅈ •

자작농 25, 26
자혜진료소 7, 30, 35, 75, 76
장태성 82
장항선 49
전라선 47, 49
전주 12, 13, 26, 38, 39, 40, 41, 46, 67
전킨 107
정담 89, 90
정읍 17, 18, 19, 28, 30, 31, 40, 83
정읍근대역사관 31, 32, 36
제일은행(다이이치 은행)권 92
제18은행 85, 92, 93
조계지 66, 68, 86, 99
조선은행 65, 68, 78, 85, 92, 94, 95, 96, 97, 98
조선은행권 96
지정면 13, 38, 40, 68
진포 68, 69, 70
진포대첩 69
진포해양테마공원 68, 85

• ㅊ •

참사문 104, 105
척식 15, 18, 19
최무선 69
춘포면 43, 60, 61

• ㅌ •

『탁류』 94, 97
통감부 65, 66, 88, 89, 94

• ㅍ •

플랜테이션 35

• ㅎ •

해관 88, 89
호남선 40, 41, 46, 47, 49, 67, 78
호남평야 6, 13, 15, 16, 17, 18, 19, 23, 24, 25, 26, 28, 79
호소카와농장 58, 60, 61
화통도감 69
화호리 25, 28, 29, 30, 31, 33, 35, 36, 37, 62, 74
화호천 30
황산대첩 69
후지이농장 58
후지이 간타로 51, 52, 62, 83
히로쓰 게이사브로 105

3·1독립운동 4·4만세기념공원 46, 56
3·1운동 100주년 기념관 107, 108
3·5만세운동 48, 108

일제침탈사 바로알기 18
일제의 미곡 침탈과 전라북도

초판 1쇄 인쇄　2022년 12월 10일
초판 1쇄 발행　2022년 12월 20일

글·사진　박광일
펴낸이　이영호
펴낸곳　동북아역사재단

등 록　제312-2004-050호(2004년 10월 18일)
주 소　서울시 서대문구 통일로 81 NH농협생명빌딩
전 화　02-2012-6065
팩 스　02-2012-6186
홈페이지　www.nahf.or.kr
제작·인쇄　(주)동국문화

ISBN　978-89-6187-754-1 (04910)
　　　　978-89-6187-482-3 (세트)

• 이 책은 저작권법으로 보호를 받는 저작물이므로 어떤 형태나 어떤 방법으로도 무단전재와 무단복제를 금합니다.
• 책값은 뒤표지에 있습니다. 잘못된 책은 바꾸어 드립니다.